U0930997

西北工业大学出版基金资助项目

城市综合改造区
土地集约利用研究

洪增林　著

西北工业大学出版社

【内容简介】 本书以西安大兴新区城市综合改造区为研究对象，以区位理论、地租理论等相关理论为基础，通过分析研究区土地利用现状及其影响因素，建立了土地集约利用潜力评价指标体系，科学评价了研究区土地集约利用潜力，在此基础上，测算了研究区综合改造中土地集约利用的经济效益、社会效益和环境效益，最终提出适合研究区发展的对策建议。

本书适合于土地管理、城市管理工作者阅读，也可作为高等学校相关专业的教学参考书。

图书在版编目（CIP）数据

城市综合改造区土地集约利用研究/洪增林著．—西安：西北工业大学出版社，2010.11

ISBN 978-7-5612-2938-5

Ⅰ.①城… Ⅱ.①洪… Ⅲ.①城市—土地利用—研究—西安市 Ⅳ.①F299.274.11

中国版本图书馆CIP数据核字（2010）第216171号

出版发行：西北工业大学出版社
通信地址：西安市友谊西路127号　**邮编**：710072
电　　话：(029)88493844　88491757
网　　址：www.nwpup.com
印 刷 者：陕西宝石兰印务有限责任公司
开　　本：787 mm×960 mm　1/16
印　　张：11.25
字　　数：188千字
版　　次：2010年11月第1版　2010年11月第1次印刷
定　　价：25.00元

前 言

我国目前正处在城市化进程加速发展阶段，城市数量由新中国成立时的 132 个增加到 2009 年的 655 个，城市化水平由 1949 年的 7.3%提高到 2009 年的 46.6%。伴随着城市化进程的加快，人口向城市大量集中，城市发展和建设用地需求不断增加，城市土地资源日益稀缺和紧张。我国城市人均建设用地面积已经达到 130 平方米，远远高于发达国家人均 82.4 平方米和发展中国家人均 83.3 平方米的水平，体现了城市化的粗放增长特征。相对于我国城市面积快速的扩大，土地的利用效率明显偏低。我国经济总量居前 10 位的内地城市中土地利用效率最高的是深圳市，其次是上海市，都明显低于香港和世界主要城市的土地利用水平。城市粗放的增长模式，导致了城市化过程中的资源、环境、交通等问题日益突出。走城市土地集约利用的道路，实现土地供应从“增量调节为主”向“存量调节为主”转变，提高土地利用效率，已经成为推动城市可持续发展的必由之路。

国家“一五”、“二五”期间，许多城市建立的老工业区和仓储区对于我国工业化发展起到了积极促进作用。但是，随着我国城市化进程的加快，城市空间不断扩大，原有的城市功能定位及产业布局已不能很好的适应城市发展，并在一定程度上制约了城市发展。加快旧城综合改造，重新定位城市功能，调整产业布局，已经成为推动城市发展的客观要求。自 20 世纪 50 年代以来，西安大兴新区（以下简称“大兴新区”）作为西安市的物流仓储区，区域内有 39 条铁路专运线，总长 22 公里，年均物资吞吐量在800～1 000 万吨，为全市乃至全省的物资流通发挥了重要作用，做出了历史性贡献。随着社会的发展和技术的进步，大兴新区基础设施不完善，交通不便，工业企业生产经营艰难，职工生活困难的局面日益显现。同时，大兴新区街容、街貌和职工生产生活条件远远落后于西安市同类地区，如厂房、库房陈旧，市政设施滞后，文教卫生机构欠缺，周边环境和道路交通条件较差，土地资源利用效率低下等现象普遍存在，实施综合改造迫在眉睫。

从城市经济功能的角度看，中心城区发展总部经济、楼宇经济和街区经济，发展商贸服务业、高新技术产业、文化旅游业是大势所趋；从城市土地资源集约利用来看，老工业区和仓储区土地利用粗放，相对于寸土寸金的城市中心地区，形成极大的不经济现象；从人民群众生活的角度看，由于老工业区和仓储区配套基础设施落后，生活建筑年代久远，建筑景观陈旧，辖区居民不能充分享受便捷、舒适的现代都市生活。以东北老工业基地为代表的诸多城市，利用国家政策支持，开始对旧城区进行综合改造。在综合改造过程中，许多城市在实践层面形成了许多好做法，但是从理论层面进行深入剖析较少，理论成果不多，出版书籍较少。同时，许多地方政府部门认为通过提高土地利用效率来加快旧城改造，就是不断提高容积率。鉴于此，笔者通过深入研究旧城改造中的土地集约利用问题，认为不断提高容积率不仅不能解决城市发展过程中的土地问题，还会引发一系列社会经济环境问题。旧城改造要通过完善基础设施、调整产业结构和优化土地配置，提高旧城区土地资源的集约利用水平，才能实现旧城区的科学、可持续发展。因此，合理评价和测算土地集约利用潜力，探索集约利用土地的有效途径，具有以下几个方面的重要作用。

(1)有助于在理论上引导旧城区土地利用由粗放利用模式向集约利用模式转变，准确把握旧城改造与土地集约利用的实质和意义。

(2)有助于综合考虑土地集约利用的影响因素，为土地管理部门科学制订城市土地利用规划提供理论依据。

(3)有助于理顺旧城改造与土地集约利用的作用关系，准确测算土地集约利用潜力，更好地实现旧城改造的目标。

(4)有助于旧城改造部门和土地管理部门充分了解当前的土地利用状态与理想状态的差距，及时调整或重新配置城市用地，加强土地管理和规划工作，为政府制定旧城改造政策和措施提供科学的依据。

全书共分七章。第一章～第二章：土地集约利用理论研究；第三章：土地集约利用相关政策分析；第四章：大兴新区土地利用现状；第五章：大兴新区土地集约利用潜力评价；第六章：大兴新区土地集约利用效益研究；第七章：大兴新区土地集约利用的对策与建议。

本书力求建立城市旧城综合改造区的土地集约利用理论框架，并在此基础上，进行土地集约利用潜力测算和效益分析。如果本书研究成果能对全国其他城市的旧城综合改造起到一点借鉴作用，将给笔者以极大鼓励。书中如有不当之处，欢迎广大读者批评指正！

洪增林

2010 年 10 月

序　一

规模经济、集聚经济和城市经济是区域经济增长的重要动力源。城市或城镇是区域的政治、经济、文化中心，对区域具有辐射带动功能。促进大中小城市与城镇协调发展、通过统筹城乡逐步实现城乡一体化发展格局，是中国特色城镇化发展的必由之路，其中发挥大城市在城镇化过程中的龙头带动作用，是我们面临的重要课题。

近年来，我国城镇化进程不断加快，随着大城市人口数量和空间规模的迅速扩张，城市各项建设用地迅速增加，城市土地资源供给和需求之间的矛盾愈加突出。2008年，国务院下发了《关于促进节约集约用地的通知》，倡导节约集约利用土地，要求各地按照节约集约用地的标准，健全各类建设用地标准体系，加快制定和修订城市规划和建设用地相关技术标准。因此，旧城综合改造区经济发展和土地利用问题，已引起各级政府和科技工作者的普遍关注。土地资源管理学、城市经济学和城市规划等学科的诸多学者纷纷介入旧城综合改造研究领域，共同探求旧城综合改造思路及可持续发展的途径，促进城市经济社会健康有序发展。

城市旧城区一般位于城市主要区域，曾经为城市的发展发挥过举足轻重的作用，但随着社会经济的持续快速发展，旧城区基础设施不健全、产业结构不合理、土地利用效率低下、空间布局混乱等问题表现得越来越突出，严重制约了区域社会经济的发展。为了使城市旧城区紧跟时代发展步伐，促进经济社会协调发展，目前，我国很多城市都在进行旧城改造。在旧城改造中，如何集约利用每一寸城市土地，使有限的土地产生更大的经济效益、社会效益和环境效益，是我们研究中国城市经济建设和城市科学发展的重要问题。洪增林博士利用近年来的理论积淀，深入研究旧城改造相关理论，并在工作中大胆实践，对城市旧城改造中如何节约集约利用土地进行了有益的尝试，并形成本书。

本书的主要内容分为六大部分：一是基础理论部分，重点论述了旧城综合改造中土地集约利用的原则、相关概念和研究方法；二是相关政策分析，通过分析2003

年以来国家土地集约利用的相关政策，把握土地集约利用的方向；三是现状分析，通过分析研究区土地利用及其对区域经济总量、结构、增长方式和生态经济的影响，提出土地利用结构和产业结构变化是土地集约利用的研究基础；四是土地集约利用潜力评价，通过分析大兴新区土地集约利用的影响因素，建立了土地集约利用评价指标体系并进行潜力评价；五是土地集约利用效益研究，在分析研究区工业企业搬迁、棚户区和城中村改造现状和方式的基础上，深入分析其经济效益、社会效益和环境效益；六是对策与建议，针对大兴新区土地利用中存在的问题，提出旧城综合改造中应该采取的对策和建议。

综观全书，其研究具有以下三个特点：

一是研究立意新颖。作者深入分析城市旧城综合改造中土地利用现状和改造难度，提出将旧城改造和土地集约利用有机结合的研究思路，从而达到优化配置城市资源，统筹城市各种社会经济关系，促进区域协调发展的目的。其针对性强，为以后深入研究旧城综合改造中土地集约利用奠定了基础。

二是研究内容全面。作者从背景、理论、原因、手段及效果等五个方面系统组织研究内容，包括旧城综合改造等相关概念界定、理论、评价体系建立及评价实例应用等多方面。全书围绕旧城改造中的土地集约利用这一核心主题，内容翔实，逻辑清晰，始终保持理论和实证研究相统一。

三是研究方法科学。本书主要采用调查和实证分析相结合的方法，以旧城改造相关理论为基础，实际调查了大量的基础资料，并运用定性和定量相结合的手段，采用大量的图、表、计算等加以量化分析并论证研究区土地集约利用潜力和土地集约利用效益，客观地评价了研究区土地集约利用水平。

洪增林博士多年来一直从事城市经济和土地资源管理的研究和实践工作，承担过多项研究课题，曾撰写并出版过相关论著，发表了多篇具有独到见解的学术论文。他在本书中深入分析旧城综合改造中的土地集约利用问题，并从经济学和土地资源管理学角度出发，着重对城市旧城区土地资源集约利用进行评价，深入地论述了城市土地资源的管理、调控和决策，反映了国内外研究的新动态，是我国旧城区土地集约利用研究的又一新成果。本书的出版，相信对于城市土地节约集约利用具有重要的实践意义，对于丰富城市发展理论也具有一定的参考价值。土地资源集约利用研究是一项涉及多种学科的复杂的系统工程，许多问题还有待于日后深入研究，希望本书的出版能激励从事土地资源管理的研究者进一步深入研究此领域，为城市土地集约利用提出更好的建议，进而为从事城市综合研究和管理的人们在城市经济、社会空间结构优化探索方面，提供更多的理论指导和实践参考，共同推动我国城市协调、可持续发展。

陈宗兴①

① 陈宗兴：全国政协副主席，原西北大学校长、西北农林科技大学校长。

序　二

随着城市化进程的加快，土地集约利用问题备受学术界关注，成为显学，已经上升到国家战略层面，成为地方政府发展当地经济必须重视的问题。

西方学术界早在19世纪和20世纪初就注意到了土地的集约利用问题，但最初只是将土地作为生产要素来研究，如土地参与经济活动的经济规律、土地利用数量和空间配置的效益最大化规律等。在西方国家土地利用类型和布局日趋复杂化的背景下，西方学者逐渐开始重视土地经济特征以外的资源和生态特征。20世纪末，城市土地集约利用更是被视为城市可持续发展的重要途径而受到关注。

对中国而言，人均土地占有量少、土地后备资源不足的问题更为突出。随着社会经济的发展，人地矛盾愈发凸显，土地资源特别是耕地资源奇缺的现实逼迫我们必须要走内涵挖潜、集约利用的道路。

与西方相比，国内学术界对城市土地集约利用的研究起步较晚，直到20世纪90年代才开始。针对国内的现实情况，相关研究主要从城市土地集约利用的内涵、定量评价、管理方式与手段三个方面展开。对于城市土地集约利用内涵的认识，以系统观点、可持续的综合性观点为主流；对于城市土地集约利用的定量研究，则更多采用指标体系的综合评价方法，在整体把握城市土地集约利用内涵的基础上，用综合性方法定量研究城市土地集约利用的程度及其潜力；也有部分学者关注如何改善城市土地利用的政策和管理手段。

土地的集约利用问题受到党中央、国务院高度重视。早在1999年4月，在全面清理闲置土地的基础上，国土资源部出台了《闲置土地处置办法》，其出发点和根本点在于如何促使土地使用者在最短的时间内、以最佳的方式利用闲置土地，走出一条适合我国国情的资源节约型经济发展的新路子。2004年，为了加强土地管理，国土资源部又出台了《关于深化改革严格土地管理的决定》（国发〔2004〕28号），其中第十六条规定，要实行强化节约和集约用地政策，把节约用地放在首位，重点在盘活存量上下功夫；同时还规定各地区、各有关部门要按照集约用地的原则，合理使用国有土地。2008年元月，国务院出台了《关于促进节约集约用地的通知》（国发〔2008〕3号），要求按照节约集约用地原则，审查调整各类相关规划和用地标准；要充分利用现有建设用地，大力提高建设用地利用效率；要充分发挥市场配置土地资源基础性作用，健全节约集约用地长效机制；要强化农村土地管理，稳步推进农村集体建设用地节约集约利用；要加强监督检查，全面落实节约集约用地责任。这些规定足以说明国家对节约集约利用土地的重视程度。

土地节约集约利用问题是关系到国家战略和经济社会发展的一项系统工程。实现土地集约利用要实施三个战略，即土地总量调控和规模导向战略、土地空间引导和布局优化战略、土地整治和再利用战略。具体的操作实施须依赖各级地方政府，在着眼长远、创新理念的基础上，加快构建保障和促进科学发展的新机制，使土地管理工作更加有效地服务于经济社会发展大局。

增林同志在西安市国土资源局工作期间，就开始研究土地的集约利用问题，并与我多次探讨土地集约利用的相关问题，并发表了一批有见地的文章。到地方政府工作后，在繁忙的政务工作之余，积极在实践中学习研究土地集约利用和科学管理问题。这次他将西安市大兴新区综合改造中的土地集约利用问题进行系统研究，著成《城市综合改造区土地集约利用研究》一书，希冀能为地方发展的决策者、实施者以及关注此问题的科研工作者提供借鉴。

我阅读了书稿，感到颇有新意。该书对国家、陕西省和西安市土地集约利用的相关政策进行了系统的梳理，对城市旧城改造中如何节约集约利用土地进行了深入探索；在系统分析土地利用现状对区域经济总量、经济结构、经济增长方式以及生态经济影响的基础上，提出了要从经济效益、社会效益和环境效益三方面综合考量土地集约利用潜力。作者将土地利用问题，纳入到城市综合改造系统中进行研究；在土地集约利用的经济效益分析方面，提出了新的测算方法。特别值得一提的是，其将理论与实践有机结合，可用于指导具体的旧城改造及区域综合开发。希望能使读者开卷有益！

胡存智[①]

① 胡存智：国土资源部党组成员、总规划师，中国土地学会土地经济分会会长，中国土地估价师协会常务副会长，全国土地估价师资格考试委员会副主任，北京师范大学兼职教授。

目　录

第一章 绪 论

1.1 研究背景

土地资源是人类社会赖以生存的基础资源之一，是经济、社会发展的载体，在人口、资源、环境以及区域经济发展关系中居于其他资源无法替代的核心地位。当前，我国正处于城市化加速发展阶段，各项建设用地迅速扩张，虽然国土幅员辽阔，但是可用土地资源有限。同时，经济增长方式面临由粗放型向集约型的根本性转变。因此，无论从保护土地资源、城市发展和城市土地合理配置的角度，还是从经济增长方式最优化的角度，节约集约利用土地都具有非常重要的意义。

国务院《关于促进节约集约用地的通知》(国发〔2008〕3 号)要求，各地要认真组织开展建设用地普查评价，评估现有建设用地的开发利用和投入产出情况，并按照法律、法规和政策规定，处理好建设用地开发利用中存在的问题；城市规划要按照循序渐进、节约土地、集约发展、合理布局的原则，科学定位城市功能、目标，确定发展规模，增强城市综合承载能力；要按照节约集约用地的要求，健全各类建设用地标准体系，加快制定和修订城市规划和建设用地相关技术标准。

从建设节约型社会来看，城市的发展必须走旧城改造内涵挖潜之路。旧城区一般位于城市的主要区域，在科学技术高度发达、人类生产和生活方式急剧变化的今天，旧城区的基础设施不健全、产业结构不合理、土地利用率低下、空间布局混乱、环境恶化等问题表现突出，难以满足经济社会快速发展的需求。旧城改造是通过完善基础设施、调整产业结构、优化土地配置来提高土地资源集约利用水平的有效途径之一。

目前，一些政府部门不能科学确定旧城区土地质量、集约利用程度以及利用潜力，有时为了提高土地利用率，片面追求高容积率，不但不能解决城市发展过程中的土地问题，反而会引发一系列的社会及环境问题。这种情况既不利于贯彻国家的基本国策，又不利于城市存量土地的挖潜和高效利用，故合理评价和测算城市旧城区土地质量、集约利用程度和潜力是很有必要的。

大兴新区位于西安市的西北隅，是西安市未来发展的经济中心和“唐皇城复兴计划”人口外迁的吸纳地。大兴新区城市综合改造项目是西安市目前最大的旧城改造项目之一，涉及 1 400 公顷土地的再利用，70 000 余人和 265 家企事业单位的搬迁安置，也是西安市“十一五”重点项目之一。该区域受历史因素的影响，区域内企业自建、联建等无序开发行为日益凸显；城中村乱搭乱建现象十分严重；集体土地违法使用，管理混乱。长期以来，因集体土地与国有土地在权属性质和管理方法上的不同，导致乱占乱用、任意开发、违法租赁、破坏撂荒的现象时有发生。例如，西安市莲湖区的丰禾村、白家口村、任家口村、红庙坡村和未央区的大白杨村将 20 余公顷的集体土地擅自出租给城市个体工商户建房办厂，给土地管理工作带来了较大的难度。在集体土地范围内，村落住宅区建筑密度较高；简易工棚居多，约占集体土地面积的 63.26%。可见，研究大兴新区土地集约利用，充分挖掘区域内土地集约利用潜力势在必行。

1.2 国内外研究概况

1.2.1 国外研究概况

土地集约利用思想最早由大卫·李嘉图等古典经济学家从地租理论中提出，主要针对的是农用地集约利用，是指在一定面积的土地上，集中投入较多的生产资料和劳动力，使用先进的技术和管理方法，以求在较小面积的土地上获得高额产量和收入的一种农业经营方式[1]。

随后，学者们进行了深入的研究，德国经济学家杜能在《农业区位论》中通过研究城市周围农业土地利用类型的空间分布规律，提出土地集约利用规律，即同心圆布局原理，认为农业土地利用的合理集约度是按距离市场远近（即土地区位）进行配置，第一次将土地利用合理集约度与区位结合在一起进行研究。

雷利·巴洛维在《土地资源经济学》中指出，土地利用集约度是指生产过程中与单位面积结合的资本和劳动的相对量；土地集约利用是指单位土地上使用高比率的资本和劳动投入的土地利用类型，相对于使用的资本和劳动量来说，那些使用大面积土地的企业经营叫做粗放利用；集约边际定义为“某块土地在耕种所达到的临界点，也适用于城市、矿区、交通和其他土地利用；在边际成本超过边际收益之前，最后一个连续变动所投入达到这点正是集约边际"[2]。这样，土地集约利用的概念被引入城市土地利用研究中，逐渐形成城市土地集约利用的概念。

最直接研究土地合理集约度的经典理论是土地报酬递减理论。该理论认为，在一定科技条件和若干要素投入量保持不变的情况下，土地收益随某一投入量不断增加将出现由递增到递减的现象。英国经济学家马歇尔认为，土地报酬递减规律所阐述的就是土地的合理投入问题，研究的是土地的合理集约度[3]。

城市空间的发展，最初在极化效应的作用下，人口和产业不断向城市聚集，城市用地紧张，经过一段时期的城市化过程，大城市中心区用地紧张、环境恶化，城市用地开始向土地开发利用潜力大的郊区扩展，郊区出现新的住宅区、工业区和购物中心。1949 年，拉特克利夫提出了城市土地利用经济模型，认为城市土地利用形态决定于城市土地利用的效率，城市土地利用方式趋向于效率最大化，是通过城市中各种功能活动相互竞争最优区位的过程达到的[4]。20 世纪 50 年代美国制定了城市更新计划，该计划分两部分：一是拆除破旧房屋，建设环境优美、生活舒适的高质量居住区；二是加强和改造中心城区的功能，恢复城市中心在整个城市中的重要地位[5]。20 世纪 60 年代末期，针对老城区出现的种种问题，英国在城市复兴运动中，通过立法将开发权国有化，加强地方政府的权威，同时设立专门的管理和协调机构，制定各种财政优惠政策，为政府大规模干预城市和住宅建设奠定了基础。

1972 年联合国粮农组织(FAO)在荷兰瓦格宁根召开了讨论土地评价的国际专家会议，提出了土地适宜性评价分类系统，并于 1976 年发表了《土地评价纲要》，成为世界土地评价研究走向成熟化的重要标志，但土地评价的对象只针对于农业用地，缺乏对城市土地集约利用的评价。1977 年，美国著名的土地经济学家理查德・T・伊利等人在《土地经济学原理》中指出："对现在已利用的土地增加劳动和资本，这个方法叫做土地利用的集约。"也就是说，他认为只要加大土地投入强度就会提高土地集约利用水平[6]。近年来，土地评价研究有了更广泛深入的发展，不局限于农业用地，在城镇、工业区、旅游区、开发区等均已涉及[7]。

西方国家针对土地集约利用的管理实践表现在以下几个方面：

(1)土地分区管制。分区管制是西方国家普遍实行的方法，具有法律效力，可以将土地集约的规划意图落实在空间上。土地用途分区管制以控制城镇规模扩张、保护农业用地和自然环境为目的，将区域土地资源根据土地用途管制的需要，按经济社会发展的客观要求和管理目标，划分为不同的空间区域，制定各区域的土地用途管制规则，通过用途变更许可制度，实现对土地用途的管制[8]。

分区管制制度创始于1692年，盛行于20世纪30年代美、英等国家城市化急速扩张阶段，一般通过分区条例来实施。其中分区条例由社区规划师和规划咨询部门来制定，当社区立法机关通过一定的程序采纳分区条例后，便获得了法律效力。分区条例一般包括两个部分：第一部分是规划图例，把该社区划分成若干个区域，图中把每一区域内的每一地段位置标注得十分清楚，并标明不同的使用功能；第二部分是文本，具体而详细地规定每一分区中的建设项目及用途，详细到具体建筑的最大高度、退后红线以及底层面积等。

美国是典型的通过分区进行土地用途管制的国家，通过确定土地使用密度和容积率实现对土地用途的管制，管制对象集中在建筑物及其布局，同时还包括建筑物及其他构筑物的高度、层数、规模、建筑线，最小空地率、建筑密度、最小容积率等。通过土地使用密度和容积率进行"量"的控制，可以达到土地集约利用、提高土地使用效率的目的。日本是一个典型的土地资源匮乏的国家，日本政府先后颁布了《城市规划法》、《市街地建筑物法》、《农地法》、《新城市规划法》、《建筑标准法》等，逐步确立了土地用途分区管制制度。为了提高土地的利用效率，防止投机性囤积土地，日本政府还对空闲土地进行了管制，规定凡符合空闲土地制度中确认为空闲土地的，都道府县知事有权要求其所有者提出这块土地的利用计划，并监督其利用方式是否符合规划用途。

(2)规划控制。20世纪50年代以来，北美和欧洲部分城市的郊区化演变成了低密度的城市蔓延，导致土地利用效率低下、城市基础设施规模效益下降、中心城市衰退等一系列环境和经济社会问题。为了解决这些问题，美国各州政府以"精明增长"理念为基础，提出了多种规划措施，以提高现有建成区的开发密度，减少对新增建设用地的需求，提高土地的利用效率。主要措施包括：提倡土地混合利用，将工作、娱乐、休闲、商务和居民生活结合在一起；建筑设计的紧凑原则，主张提高建筑密度，提倡向空间方向的发展，而不是水平方向的扩展；采取各种手段对需要保护的区域，如农田、开放空间、自然景观以及生态脆弱区进行严格保护；强调城市中心的作用，提倡建成区再开发。

(3)税收调节。通过税收政策的调整也是实现土地集约利用的一种有效手段。西方发达国家根据房地产权变化，普遍实行较高的不动产税政策，对粗放利用的土地施以重税，对集约利用的土地施以轻税，这一机制十分有效，可以促进土地集约利用。通过税收政策的调整来鼓励集约用地是美国联邦政府、各州政府以及地方政府采用的主要经济手段。如美国的地方政府经常采用开发影响税、改良税以及不动产转移税的征收抑制局部地区的土地开发活动，从而促进土地的集约利用。征收开发影响费也是美国地方政府经常采用的经济手段。开发影响费是美国地方政府对新的区域进行开发收费的形式之一。征收开发影响费的主要目的是为开发建设筹措资金，但同时也是政府调控土地开发利用的手段。如果地方政府为了提高土地的利用效率，计划对某些“白地”区域的开发活动进行抑制，就会提高征收开发影响费的数量；如果鼓励对某一地区的开发，就降低这一地区的开发影响费。双轨税率是另外一种用以促进城市地区填充和再开发的经济鼓励措施之一。根据这一制度，对土地价值以较高的税率征税，而对建筑物的改良价值征以较低的税费，从而降低土地集约利用的税费，提高土地粗放利用的税费[8]。

1.2.2　国内研究概况

我国对土地集约利用的研究起步较晚，主要是从20世纪90年代开始，之前主要是引进国外土地评价的理论和方法。随着工业化、城市化进程的加快，耕地资源短缺和土地粗放利用低效并存现象十分突出。因此，提高土地使用效率、集约利用城市土地引起了学术界和政府的广泛关注，众多专家、学者从不同的角度对土地集约利用及其评价进行了全方位的探讨。

部分研究者从投入产出的角度出发，认为城市土地集约利用就是在一定城市土地上增加投入，以获得更多产出的土地开发经营方式。例如，何芳提出城市土地集约利用是指合理投入劳动、资本和技术，充分挖掘城市土地潜力，获得土地最佳综合效益的过程。认为城市土地集约利用在不同的时间表现为不同方面的集约，即从初期的劳动资本型集约，经历资本技术型集约和结构型集约，最终实现生态型集约[9]。一些学者从土地集约利用的研究内容出发，认为土地集约利用还应包括土地利用结构、布局的合理及生态环境的优越等方面。如王亚侨从资源环境适宜性等五大原则出发，综合土地集约利用强度、投入、效益三个方面，构建了土地集约利用指标体系[10]。还有一些学者将两种观点综合起来，如谢正峰从土地可持续利用的角度出发，强调土地集约利用应兼顾土地利用的经济、社会和生态综合效益[11]。有些学者从土地利用成效角度出发，认为城市土地集约利用应包括土地产出的高效化、土地布局和土地结构的合理化、土地利用效益的综合化三个层次。如肖梦认为，城镇土地集约化利用，可以多维利用土地的立体空间，使土地一地多用。土地立体空间的多维利用，就是利用土地的地表、地上和地下进行各种建设。一地多用则是在同一块土地上根据需要安排各种不同用途的多种建设项目，这也是土地的集约化利用[12-13]。成舜等学者从不同空间尺度出发，认为城市土地集约利用涵义应包括宏观（强调城市综合效益）、中观（强调用地功能和结构的合理性）和微观（侧重单块土地的投入产出效益）三个层次[14]。

《中华人民共和国物权法》（以下简称《物权法》）及相关文件进一步细化了土地使用权的概念，将土地使用权（国有建设用地）的名称改为建设用地使用权，明确了建设用地使用权的设立、登记等过程，提出了与原来完全不同的概念。《物权法》第一百三十六条规定："建设用地使用权可以在土地的地表、地上或者地下分别设立"，且要求在建设用地使用权出让合同中载明"建筑物、构筑物及其附属设施占用的空间"。这一点相对于以前的规定是一个巨大的突破。《招标拍卖挂牌出让国有建设用地使用权规定》（国土资源部第 39 号令）也规定："出让方案应当包括出让地块的空间范围、用途、年限、出让方式、时间和其他条件等。"可见，《物权法》及相关配套文件明确了建设用地使用权的空间概念，并提出土地的地表、地上或者地下可以分别设立建设用地使用权，这使建设用地使用权真正成为了一个立体的概念。为贯彻落实《物权法》和《国务院关于促进节约集约用地的通知》，规范国有建设用地使用权出让合同管理，国土资源部、国家工商行政管理总局组织制定了《国有建设用地使用权出让合同》示范文本（GF — 2008 — 2601），自 2008 年 7 月 1 日起执行。新的合同文本明确了建设用地使用权是一个空间概念，要求在签订出让合同时，要填写宗地的界址点坐标和上下高程，明确宗地空间范围是以界址点所构成的垂直面和上、下高程所在的水平面封闭形成的空间范围。

有关土地集约利用的研究都有一个共识，认为城市土地集约利用是一个随着经济发展、科技进步而不断调整的动态过程[15]。实践表明，用地结构不合理，即使投入大量的资金，加大开发利用强度，也很难达到最佳的利用效果，有时甚至会出现负面效应。因此，学者们开始关注用地结构的优化与土地集约利用之间的关系。如陶志红认为，以合理布局、优化用地结构和可持续发展的思想为依据，通过增加存量土地投入，改善经营管理等途径，不断提高土地的使用效率和经济效益[16]。根据这些观点，调整城市原有布局和用地结构是城市土地集约利用的前提，城市改造和土地集约利用研究应同步进行。李红深入分析了我国城市土地利用现状及存在的问题，指出城市土地集约利用应从政府行为科学化、通过土地整理加大旧城改造的力度和深度、立体式开发三个方面进行，进一步强调了旧城改造对土地集约利用的重要性[17]。随着系统论的发展，有些学者也开始从系统论的角度研究土地集约利用。龚义等认为，城市土地集约利用是在特定的时段中，在特定区域内的一个动态的相对概念[18]。

从我国土地集约利用评价研究的状况来看，20世纪70年代后期至90年代中期，我国引进欧美土地评价理论和方法，进行广泛深入的实践和应用研究，基本建立了一整套从单一到综合的农业土地评价方法和体系。如1992年，丘金峰在其主编的《房地产法辞典》中指出，衡量土地集约利用程度的指标有三个：资金集约度、技术集约度和人口集约度(劳动力集约度)[19]。此后，1993年，宋春华在其主编的《房地产大辞典》中解释土地集约经营程度，是指单位面积土地投入的人力、财力、物力状况[20]，这与丘金峰的思想基本相同。黄裕捷等在福建省土地资源遥感调查数据的基础上，结合当地的社会经济统计资料，采用主成分分析综合评价模型分别计算了土地生产率、土地利用程度、土地投入强度和土地利用集约度[21]。

土地集约利用评价研究是当前研究的热点，虽然在技术、方法上尚没有根本性突破，但在操作层面上开展了较为系统的工作。1999年国家土地勘测规划院在国土资源大调查"土地资源监测与调查工程"中，启动了子项目《城市土地价格调查与集约利用潜力评价》。该项目由规划院与北京大学及福州市国土资源局共同承担，旨在根据优化利用、可持续利用的原则，建立城市土地集约利用潜力评价方法和指标体系，综合评价城市土地集约利用的水平和潜力，为制定有关政策法规提供依据；进一步加强政府对土地市场以及城市土地利用的宏观调控，改变城市建设用地粗放利用现状，促进城市土地资源的有效配置和合理利用。2001年，国土资源部组织福州、南京、长春、济南、包头、义乌等城市进行了城市土地集约利用评价试点研究，建立了基于宏观(整个城市)、中观(功能片区)和微观(宗地)三个空间层次的评价指标体系。

国土资源部《关于贯彻落实〈国务院关于促进节约集约用地的通知〉的通知》(国土资发〔2008〕16号)进一步明确了研究制定开发区土地利用评价的标准，要求各省(区、市)国土资源管理部门要评估辖区内开发区土地节约集约利用水平。国家级各类开发区的评估结果于2008年底上报，经国土资源部审核后向社会公示；省级各类开发区的评估结果，由各省核查公示。经评估符合节约集约用地要求并通过国家审核公告的开发区，确需扩区的，可按照国家规定的政策、权限和程序，申请扩区或升级，优先安排建设用地指标。2008年7月，《国土资源部关于开展开发区土地集约利用评价工作的通知》(国土资发〔2008〕45号)全面部署了全国开发区土地集约利用评价工作，明确了评价对象及范围、组织实施、工作与技术要求、成果应用与更新等要求；同时下发了《开发区土地集约利用评价规程》(试行)，为开发区土地集约利用评价工作提供了技术指南。通过对开发区土地、社会经济状况等进行基础调查，分析评价土地集约利用程度，测算土地集约利用潜力，全面掌握了开发区土地集约利用状况，为建立开发区土地利用管理基础信息数据库打下了良好的基础，为开发区扩区升级审核、动态监控及制定有关政策提供了依据，为节约集约用地创造了良好的社会氛围，确保节约集约用地的共同责任落到实处。

分析现有的评价指标体系，实际上包括了对现状集约度及潜力值测算两种类型：潜力测算是以土地利用现状为基值，以比较合理的标准值（如国家、部门或行业标准为预期值），通过比较计算得到潜力值；现状集约度测算是先建立评价指标体系，将指标值进行标准化处理、确定权重后加权求和，从而得到土地集约度[22]。

1.2.3 国内外旧城改造中土地利用的经验及教训

1. 主要经验

综观多年来旧城改造的实践，无论是发达国家还是国内发达城市，旧城改造中的土地利用都有共同的经验可供借鉴。

(1)科学合理做好旧城改造土地利用规划。旧城改造是一个系统工程，只有在统一规划指导下，各项建设才能相得益彰，发挥基础设施功能叠加作用。旧城改造必须要有统一科学、适度超前的规划，要制定一个系统科学的旧城改造土地利用规划，从宏观和微观两个方面对旧城改造进行规划控制，形成明确的评价体系、目标体系及控制体系。旧城改造规划要与总体规划、分区规划及控制性详细规划相衔接，以避免因规划控制不力而造成旧城改造中的混乱和矛盾。

(2)改善市政基础设施和居住环境质量。在旧城改造中，对城市环保和绿地的保护要有严格的措施和规定。要保留足够的绿地面积，在旧城改造中一般都要按绿化规划进行建设与保护，不但不能减少绿地，还要开辟新的绿地，应充分利用天然河、湖或人工湖及人造水景，改善区域人居环境。例如，德国在城市规划和城市建设中，重视处理好人和自然的关系，注重生态平衡和环境保护。在地方规划中，除了有土地利用规划、建筑规划外，都有绿化规划。同时，改善市政基础设施对于旧城区未来的持续发展和就业吸纳能力有着不可估量的作用。例如，20 世纪 90 年代以来，上海、广州、深圳等城市实施了一系列重大基础设施建设工程，为城市的持续发展赢得了时间和空间。新加坡在旧城改造中实施了土地开发与交通建设一体化战略，使得新加坡在短时间内建立了完善的道路交通网络和四级交通体系，带动了地区就业。

(3)政府垄断土地一级市场。土地开发管理模式对于防止国有资产流失、提高城市土地效益、有效保证城市规划的顺利实施意义重大。加强土地储备制度,由政府垄断土地一级市场,保证在旧城改造中土地收益取之于民,用之于民。对于旧城改造区的土地,将土地一级开发与房地产开发严格分开,在完成拆迁安置和市政配套建设之后,经土地评估,进入土地储备中心进行公开招标或拍卖,由中标者进行开发。

(4)保护历史文化。城市的历史文化遗产记录了不同时期文明的发展脉络和历史信息,是历史传统和精神财富的载体,体现了城市的特色和个性,是城市底蕴和魅力所在。把旧城改造与保护城市历史文化风貌结合起来,对重要文物、古迹及古建筑物重点保护。1972 年 11 月,联合国通过了"保护世界文化与天然遗产公约",成立了世界遗产委员会。同年,欧洲各国外长会议决定把 1975 年作为欧洲建筑遗产年。1977 年国际建筑协会制定的历史性规划大纲《马丘比丘宪章》,把保护传统建筑文化遗产提升到重要高度。南京明孝陵、丽江古城等申报世界历史文化遗产的成功,对北京故宫和四合院的保护等,成为世界范围保护历史文化遗产的典范。

2. 主要教训

(1)旧城改造缺乏整体规划。旧城改造是改善人居环境,实现土地集约化的重要途径,是激发城市生机与活力的重要手段。科学合理的规划,是确定城市发展方向和发展目标,高效利用城市各种资源,促进产业合理布局和城市有序建设的战略性、主导性和基础性工作。我国很多地方旧城改造过程中往往未经过科学规划,缺乏整体、长期的战略理念和合理明确的改造目标,导致旧城改造难以达到预想的复兴效果。

(2)大拆大建现象严重。由于改造标准高,社区生活失去多样性,出现大量社会和经济矛盾,资源浪费严重,增加了改造的成本和难度。有的地方追求经济效益,在改造建设中使得综合建筑密度和容积率过高,直接影响了区域的居住环境质量。有些地方在实施集中改造初期,急于求成,改造标准过高,拆迁工作量大,一些可充分利用的原有建筑和新建房子全部被拆除,出现了大拆大建现象,造成了极大浪费。

(3)零星插建问题突出。在旧城改造过程中,普遍存在零星插建的问题。零星插建是导致旧城环境恶化的主要原因之一,其结果往往是挤占了社会配套设施用地,使市政配套设施不足,绿化面积不够。

(4)缺乏城市历史文化与传统保护。缺乏正确的价值观念和系统理论的指导,国内部分城市旧城改造往往片面追求经济效益，忽视了旧城区的历史文化遗存，将旧城区全盘否定，重新规划建设，大批传统建筑和景观被夷平，最终造成了城市特色的破坏与历史文脉的割裂。例如，济南具有典型日耳曼风格的老火车站被拆除，一条浓缩了500年历史的古街区也被拆除；杭州的颇具文化艺术底蕴和历史感的中国美术学院老校园全部拆光重建[23]。

1.3 研究内容和方法

1.3.1 研究内容

土地集约利用是一个多元的复合性概念，既可作定性的分析，又可根据影响土地集约利用指标进行定量分析。本书以大兴新区为对象，在分析总结前人研究成果的基础上，主要进行了下述五方面的探讨和研究。

(1)分析研究区土地利用现状。

(2)分析研究区土地集约利用影响因素。

(3)综合考虑研究区土地集约利用影响因素，准确把握局部与整体、数量与质量、现状与未来的多重关系，建立了土地集约利用潜力评价体系并进行修正，科学测算土地集约利用潜力指数。

(4)分析研究区综合改造类型及改造方式。

(5)分析研究区土地集约利用效益。

通过研究，提出提高旧城区土地集约利用的有效途径，为城市相关职能部门合理和集约利用土地提供科学依据，并提出集约利用土地的政策建议，以供相关职能部门参考。具体技术路线如图1.1所示。

1.3.2 研究方法

1. 系统分析法

系统论是20世纪发展起来的为现代科学所普遍运用的方法，它是以抽象的客观系统为研究对象，研究系统中整体与部分、结构与系统功能之间的关系，并且运用数学方法确立适用于所有客观系统的一般原则和方法。运用这一方法，可以预测客观系统在某些参数变化时相应发生的变化，从而为寻求控制该系统的最佳方案提供依据[24]。

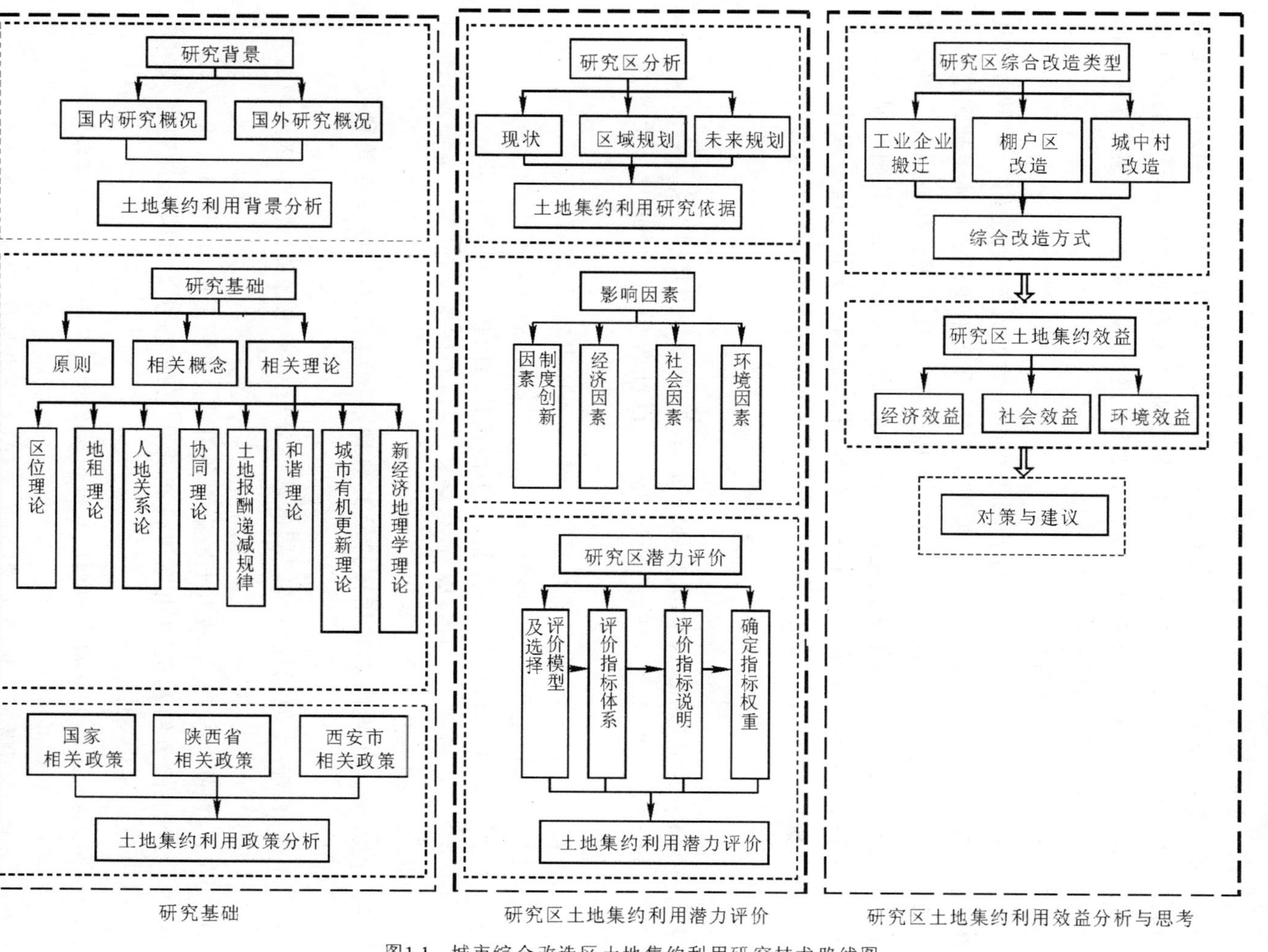

图1.1 城市综合改造区土地集约利用研究技术路线图

2. 规范分析与实证分析相结合的方法

规范分析与实证分析相结合是社会科学研究的重要方法。本书通过对土地集约利用、土地利用潜力等进行规范性分析，从而确定研究的内涵，为研究的展开提供规范基础。实证分析主要从大兴新区土地集约利用潜力评价和效益分析两方面进行，以期寻找解决问题的有效对策[24]。

3. 定性与定量相结合的方法

定性描述方法是社会科学研究普遍采用的一般性方法，通常用于对事物及其发生的规律进行宏观、概括的描述。采用此方法，有助于我们从整体上把握事物的本质，为定量研究提供前提基础。本书基本概念界定、相关理论研究以及大兴新区土地利用现状等内容较多地采用定性方法。定量分析方法则是现代科学研究的必要手段，有助于从复杂多样的矛盾中更准确、深入地揭示事物的运动规律[24]。土地集约利用潜力评价、经济效益分析等内容较多地采用定量方法进行研究。

参考文献

[1] 李嘉图. 政治经济学与赋税原理[M]. 北京：商务印书馆. 1972：57.

[2] 潘海燕. 城市土地集约利用研究——以吐鲁番市为例[D]. 新疆大学，2008：8.

[3] 马歇尔. 经济学原理(下册)[M]. 上海：商务印书馆，1981：7－15.

[4] 周春山. 城市空间结构与形态[M]. 北京：科学出版社，2007：3－9.

[5] 万勇. 旧城的和谐更新[M]. 北京：中国建筑出版社，2006：20－30.

[6] 理查德. T. 伊利，爱德华. W. 莫尔豪斯. 土地经济学原理[M]. 腾维藻，译. 北京：商务印书馆. 1982：56.

[7] 乔慧. 城市土地高效利用评价及其典型案例研究[D]. 西安建筑科技大学，2008：13.

[8] 王静，程烨. 土地用途分区管制的理性分析与实施保障[J]. 中国土地科学，2003(3)：47－51.

[9] 何芳，魏静. 城市化与城市土地集约利用[J]. 中国土地，2001(3)：19－22.

[10] 王亚侨. 节约和集约用地评价指标体系研究[J]. 中国土地科学，2006，20(3)：24－31.

[11] 谢正峰. 浅议土地的集约利用和可持续利用[J]. 国土与自然资源研究，2002(4)：31－32.

[12] 肖梦. 城市微观宏观经济学[M]. 北京：人民出版社，1993：393.

[13] 许树辉. 城镇土地集约利用研究[J]. 地域研究与开发，2001，20(3)：67－74.

[14] 成舜,白冰冰.包头城市土地集约利用潜力宏观评价研究[J].内蒙古师范大学学报.自然科学版,2003(3):271-277.

[15] 贾雪芹.城市土地集约利用评价研究[D].天津师范大学,2005:24.

[16] 陶志红.城市土地集约利用几个基本问题的探讨[J].中国土地科学,2000,14(5):32-34.

[17] 李红.城市土地集约利用的有效途径研究[J].西安文理学院学报.社科版,2005,8(6):22-24.

[18] 龚义,吴小平,欧阳安蛟.城市土地集约利用内涵界定及评价指标体系设计[J].浙江国土资源,2002(1):46-49.

[19] 丘金峰.房地产法辞典[M].北京:法律出版社,1992:61.

[20] 宋春华.房地产大辞典[M].北京:红旗出版社,1993:46.

[21] 黄裕捷,赵晓丽,香宝.福建省的土地经济评价[J].资源科学,2000,22(3):66-69.

[22] 胡琳.开发区土地集约利用及其潜力评价研究[D].吉林大学,2007:10.

[23] 赵和生.城市发展中的历史文化保护对策[M].东南大学出版社,2006:5.

[24] 洪增林.我国集体土地流转系统研究[M].北京:科学出版社,2008:103-104.

第二章 土地集约利用基本理论

2.1 旧城综合改造相关概念

2.1.1 旧城综合改造

旧城综合改造是通过完善旧城区基础设施，拆迁与重建工矿、企业、商贸、民宅，改扩增建绿地与公共文教娱乐场所等途径，使旧城区能够满足社会经济发展和人民生产生活需要，适应城市未来发展需求的一种综合改造行为。旧城改造是城市发展规划的重要内容，是提高城市土地利用效益的重要途径，是完善城市结构布局和城市功能的有效措施。

本书中所述的"旧城综合改造"特指"连片整体开发中的旧城改造"，是在政府主导下，通过拆迁危旧房屋、搬迁工业企业等途径，实行退房还路、退房还绿，形成以统一的建设用地标准、统一的配套设施、统一的城市建筑风格为主体的城市新景观的一种改造行为。大兴新区改造就属于这种类型的旧城综合改造，它具有范围广、人口多、情况复杂、改造难度大、历经时间长等特点。

旧城综合改造一般包括工业企业搬迁、棚户区改造和城中村改造，首先要清楚它们的基本概念。

1. 工业企业搬迁

工业企业搬迁是指对高耗能、重污染型工业区域，通过房屋改造和技术设备改造对工业企业实行易地安置，对搬迁腾出土地进行再次开发，发展都市型工业或其他产业。

2. 棚户区

全国各地在棚户区改造过程中，根据自身的实际情况，对棚户区概念进行界定，如东北地区把棚户区主要界定为城市国有土地上规模较大的连片平房区；乌鲁木齐市把棚户区改造内容扩展到城市建成区范围内属抗震安居工程改造范畴，且人均居住面积小、使用年限久、房屋质量差的连片区域；上海市的棚户区改造范围主要是指全市的危棚简屋。

本书所指的棚户区是指城市建成区范围内的国有土地上，因历史沿革形成的人均居住面积小、房屋不成套、建筑质量差、安全隐患大、市政设施不完善、环境条件脏、乱、差的集中成片居住区域。

3. 城中村

不同学者对城中村的概念有不同的理解。有人认为，城中村即为城中之村，是城市在建设过程中为了节约建设成本，避免过高的拆迁安置费用而避开的城市中原有的农村集体土地进行城市建设形成的“城中之村”，它随着城市建设发展而逐渐被城市建设用地所包围，是城市化快速推进的产物[1]。从土地性质上讲，它是被城市国有土地所包围的农村集体土地；从结构上讲，它具有明显的城乡二元结构。有学者认为，城中村是指位于城市边缘近郊，以农业生产为主的农村居民居住的村寨，在城市扩张的过程中，这些村寨被城市新区、城市建筑所包围，在地域上已完全融入城市，但其人员及社会关系未能有机地融入城市，仍以土地及附着物为主要生活来源，行政管理方面也仍沿袭农村管理体制的城中农村化管理区域[2]。也有学者认为，城中村是指在城市总体规划城市建设用地范围内仍然保留和实行农村集体所有制、农村经营体制的农村社区。还有学者认为，城中村是指在城市快速发展和扩张过程中，政府通过征用城市近郊的土地而纳入城市建设区域的一些村落[3-4]。

综合各学者的观点，笔者认为城中村是指在城市规划区内，城市快速发展和扩张过程中，为了规避过高的土地征收成本和拆迁补偿费用、降低开发建设成本，绕开城市边缘近郊村落，形成的在地域上已融入城市，经济、社会、文化发展逐步融入城市，但管理体制仍沿袭农村化管理的区域。城中村改造是指为改变城中村现有的土地性质、村落现状和行政管理体制等进行的整体改造行为。

2.1.2 土地集约利用

城市土地集约利用不是将城市土地利用开发到最高、最大程度，而是土地达到最佳利用状态，在土地空间利用结构合理、土地利用可持续、土地产出效益高的条件下，达到结构严谨、组织有序、相容性好、功能互补并能自我修复的状态，最终达到提高城市品质，实现城市土地可持续利用的目标[5]。

合理的用地结构、和谐的外部环境以及良好的城市生态环境，是城市土地集约利用的前提。在现有经济技术水平许可的条件下，不断增加旧城区存量土地投入，提高土地经营管理水平，尽可能提高土地利用强度和效率，是土地集约利用的核心。也就是说，城市的发展应充分挖掘旧城区现有土地再开发利用潜力，走内涵式发展的道路。通过改善旧城区基础设施、适当提高土地利用强度和容积率、一地多用等途径,实现合理、集约利用土地的目标。

本书认为,旧城综合改造中的土地集约利用就是指在现有科学技术和建筑技术条件下,对旧城区利用率较低的土地,通过产业重新布局、调整用地结构、修复和改善外部生态环境等途径,达到提高区域土地利用强度,实现区域经济、社会和环境综合效益最优化的目标。

2.1.3 城市土地集约利用潜力

"潜力"即"潜在的力量或能量"。城市土地集约利用潜力的概念,归纳总结主要有以下三种。

(1)城市土地集约利用潜力就是将现有土地利用效率或经济水平与达到集约利用状态下的土地利用效率和经济水平的差距换算形成的土地规模[6]。通过差距换算得到的土地规模就是区域内可以再利用的土地容量。

(2)城市土地集约利用潜力是指一定时期在城市建成区所能利用的三维空间范围内,以国家标准和有关行业内部规定为依据,从城市自然和社会经济的整体特点出发,采用绝对指标或相对指标,通过增加土地投入(物质的、劳动的)、调整存量土地(容积率、建筑密度等)、合理配置土地(各用途土地的空间协调)、优化土地利用结构(各用途土地的比例调整)等途径,在不增加城市土地总量的前提下相对增加城市土地面积、经济价值、生态环境效益和社会心理效益等整体效益[7-8]。

(3)由于衡量土地潜力的尺度不同,城市土地集约利用潜力可以分为基于规划允许潜力和基于市场条件允许潜力。基于规划允许潜力,是指将现有土地利用效率(容积率或建筑面积)与符合城市规划及相关法规所允许的最大土地容量差距换算形成的土地规模。基于市场条件允许潜力,是指将现有土地利用效率(容积率或建筑面积)与市场条件允许的最大土地容量差距换算形成的土地规模。对于居住、商业用地而言,楼面地价将是市场条件的表征,对于工业用地而言,单位土地上的经济指标将成为重要的衡量尺度[9]。

由于大兴新区是旧城改造区,本书将土地集约利用潜力定义为:以符合城市规划为条件,在满足地区适度发展规模、获得最大规模效益和集聚效益的基础上,挖掘地区土地利用布局、用地结构等潜力,实现区域经济社会可持续发展。

2.1.4 城市土地集约利用潜力评价

从长远来看,土地集约利用潜力是不断发展变化的,这种变化主要包括两种类型。第一种是由于经济发展、社会进步和技术水平提高使土地利用潜力增强。随着经济发展、社会进步和技术水平的提高,如果没有及时进行相应的土地开发,土地利用效率就会逐渐降低，土地利用结构将趋于不合理，最终形成旧城区。第二种是由于区位条件不同而引起的同一时期不同地域范围内的土地集约利用潜力不同。这种土地集约利用潜力可以依据空间尺度分为宏观综合潜力、中观潜力和微观潜力。宏观综合潜力是以整个城市为研究区域，从整体上研究城市的土地集约利用潜力，其评价指标具有较强的综合性和概括性；中观潜力是通过把一个城市划分为若干个评价区域，如街坊、街道、区片等，研究各个区域的集约利用潜力，或者是按城市的功能分区，分别研究城市内的住宅、商业、工业等用途区域的集约利用潜力；微观层次上的集约潜力是以宗地为单位进行研究，主要偏重于土地投入水平、产出水平、土地利用强度等[10]。

不同城市、不同区域土地集约利用潜力影响因素不同，土地集约利用潜力的评价也因城市而异，合理的评价应该根据被评价城市的特点、城市发展目标及当前所处的发展阶段进行。

本书中土地集约利用潜力评价是指把握土地集约利用内涵，遵循土地集约利用原则，按照城市规划和区域规划的总体要求，分析影响区域土地集约利用的因素，建立土地集约利用潜力评价指标体系，运用相关评价模型和方法，评价区域内土地的利用结构、土地使用强度、土地投入强度和土地利用效率，最终评价出区域内土地集约利用的潜力状况。

2.2 土地集约利用研究的相关理论

2.2.1 区位理论

19 世纪初至 20 世纪中叶资本主义生产力迅速发展，地区间经济联系空前扩大，商品销售与原料地范围越来越广，如何合理布局产业已成为迫切需要解决的问题。

1826 年，德国经济学家杜能提出了农业区位论，探讨了距离城市远近的地租差异，即区位地租，阐述了市场距离对农业生产集约化程度和土地利用类型的影响。他认为，集约化程度与距中心城市的距离成反比，即距中心城市越近，集约化程度越高；反之，则越低，处于粗放经营状态。杜能开创了区位理论的先河，他运用抽象的研究方法，通过建立生产函数来研究解决生产空间布局问题，对于当时德国农业发展起了重要的作用。同时，这种研究方法被以后许多生产布局学者如韦伯、克里斯泰勒等所肯定和采用[11]。杜能最主要的贡献就是阐述了市场距离对农业生产集约化程度和土地利用类型的影响。

19 世纪末，德国学者龙哈德用数学方法证明了工业区位论，他认为决定工厂区位的主要影响因素是原料产地与消费地的关系，包括主要运输关系、不同地区的地质、水利费用、劳动者生活状况、工资条件以及熟练技术工人的雇佣情况等[12]。

1909 年，德国经济学家韦伯提出了系统的工业区位论，即工业区位三角形和多角形模式，具有很强的操作性，对当时及此后的工业区位布局都具有重要的指导意义并产生了重大影响[13]。

韦伯以后的区位理论学者认为，生产成本低与利润最大化没有必然的联系，即生产成本低并不意味着利润最大化，生产成本最低点并不是厂商最优区位的选择点。现代经济活动中市场对生产活动起着越来越大的作用，区位理论应以市场为中心、以取得最大利润为目的。

1933 年，德国经济学家克里斯泰勒提出了中心地理论，认为必须充分考虑市场因素，计算企业最大化利润[14]。在完全市场竞争中，商品销售问题日益突出，在考虑生产成本与运费的同时，还必须充分考虑市场划分与市场网络的合理结构安排。克里斯泰勒的中心地理论，突破了传统区位论的羁绊，研究范围由传统的农业、工业等生产领域扩展到商业、服务业等消费领域，由局部小区域的个别企业和微观分析扩展到大区域范围内的多个企业或区域的宏观综合分析，成为一种宏观的、静态的、以市场为中心的商业和服务业区位理论。

城市土地利用状况具有区位差异，即城市土地因自然地理位置、经济地理位置和交通地理位置差异而不同。旧城区土地不论在自然位置、经济位置，还是交通位置都具有很好的区位条件，因此区位理论是指导旧城区土地集约利用潜力评价的一个重要依据。

2.2.2 地租理论

西方经典的地租理论包括古典经济学地租理论、新古典城市地租理论、马克思地租理论。

古典经济学地租理论以威廉·配第、亚当·斯密和大卫·李嘉图为代表。配第对古典地租理论的重要贡献在于提出并确立了级差地租的概念，他认为土壤肥沃程度、耕作技术水平差异以及产地距离市场远近不同，导致地租和地价不同。斯密认为:“不论土地的生产物如何，地租随土地肥沃程度的差异而不同；不论其肥沃程度如何，其地租又随土地位置差异而不相同。都市附近的土地比偏远地带的土地，能提供更多的地租。”斯密只讲到土地肥沃程度和位置不同对地租的影响，而未作数量分析，未具体阐述这些条件如何影响地租高低。李嘉图是古典经济学的最后完成者。马克思指出，李嘉图关于地租总是使用两个等量资本和劳动所取得的产品之间的差额的论点是完全正确的[15]。

新古典城市地租理论兴起于19世纪末、20世纪初的新古典经济学派，以马歇尔等人为代表。他们对古典经济学地租理论进行完善，提出地租实际上是一种分配工具，总是把土地分配给出价最高者，即满足最高租金原则。不同的产业，由于生产过程的特殊性，对土地位置、敏感程度和竞争能力的要求不同。一般商业企业的竞租能力最高，工业企业次之，居住用地最低。当在完全竞争的条件下，将会促使商业用地向市中心聚集，工业用地和居住用地向市郊迁移。换句话说，通过城市综合改造，可进行土地置换，优化城市土地利用结构。城市土地的集聚效应使每一块土地地尽其用，处于高度资金集约化的利用状态[16]。

马克思批判地继承和发展了古典经济学的地租理论，并依据地租产生的原因和条件，将地租分为级差地租和绝对地租，并指出这是资本主义地租的两种基本形式。此外，还有垄断地租、矿山地租等形式。建筑地段地租是指工商业资本家和房地产资本家为获得建造各种建筑物所需的土地而支付给土地所有者的地租。尽管建筑地段地租与农业地租一样受相同的级差地租规律的支配，但是它具有自身的特征：①建筑物所处的位置对建筑地段地租有着决定性的影响；②商业地租是城市建筑级差地租的最典型形态；③城市地段级差地租Ⅱ的数量要比农业级差地租Ⅱ大得多；④垄断地租占有显著优势。垄断地租是资本主义地租的一种特殊形式，只存在于少量自然条件和地理位置特别优越或者特别有利的土地[17]。

因此，利用建筑地段地租理论改造旧城区，发展商业和住宅业，是提高城市土地集约利用水平的有效途径之一。完善的市政设施，也会成倍增加城市级差地租。

2.2.3 人地关系论

一般而言，人地关系中的“人”是指人类，包括个体的人和整个人类社会；人地关系中的“地”是指地理环境，包括自然地理环境和社会环境两个方面。人地系统是指地球表层上人类活动与土地资源环境相互作用形成的开放复杂巨系统。在这个复杂巨系统中，人始终占据主导地位，人地关系矛盾的协调过程自古到今一直是一个重要的过程，从古代的“天人合一”思想到近代的人地关系协调思想，升华到现代的“可持续发展”理论，其思维主线始终围绕人地和谐共生这一核心内容[18]。城市中的人地关系，主要是探讨城市人类社会与城市地理环境在各自发展中的相互影响和制约的关系[19]。

随着城市化和工业化进程的加快，人口大量向城市集聚，尤其是具有较大吸引力和辐射力的中心城市，人地关系尤为紧张。人地关系论是保护城市地理环境、协调城市人地关系的重要理论。所以，以人地关系论为指导，利用城市土地位置级差地租法则，通过旧城综合改造，优化城市用地结构，改善居民生活环境，是实现城市土地集约利用的最佳途径。

2.2.4 协同理论

从系统科学的角度来看，可持续发展以及人地关系等问题的实质就是系统的协同问题。首先，可持续发展可以看做是一个复杂的大系统，由发展（人口变化与经济发展）和保护（资源与环境保护）两大子系统组成。前者是目标系统（正系统或阳系统），后者是约束系统（反系统或阴系统）。由于两大子系统之间存在着复杂的物质、能量和信息交换，从而使可持续发展系统成为一个具有反馈功能的动态系统[20]。

哈肯的协同论认为，形成系统有序结构的机理，不在于系统现状的平衡或不平衡，也不在于系统距离平衡多远，关键在于系统内部各子系统相互关联的协同作用，且存在着一个或几个调控变量左右着系统演化进程，这是系统形成有序结构的内在动因。合理的土地利用结构，可以产生结构效应，促使土地利用系统的功能增强和效率提高。同时，土地利用系统虽然变量多，高度复杂，但人口数量和质量、社会经济发展对土地的需求以及土地生态环境质量等指标是土地利用系统的主要调控变量[21]。

土地利用系统是由一定的土地单元（即土地子系统）和一定的土地利用方式构成的复合系统，作为载体的土地子系统本身是一个自然生态系统。土地子系统在时间和空间上与社会经济系统相互作用、相互影响，进行着复杂的物质、能量和信息交换，尤其是城市土地系统，承受着更为强烈的社会经济活动，产生了错综复杂的土地利用方式。因此，在土地利用系统中，土地利用方式本质是土地子系统和社会经济环境系统相互作用的产物[22]。土地利用方式直接影响发展的可持续性。

土地投入强度是提高土地利用系统集约度的助跑器。增加土地投入，提高土地利用强度和改善土地利用结构，是提高土地集约度的必要条件。只有在三者都具备的条件下，土地产出的增加才能成为可能。同时，土地产出的增加会刺激和带动土地投入的增加，从而促进土地利用各子系统朝着协同方向高效、有序地发展，最终实现土地集约利用系统效益的最大化[23]。

根据协同理论，可持续的土地利用规划作为从空间上动态优化配置各种土地资源、提高土地利用集约程度的手段，应寻找一种最优的协调方法，达到社会、经济和环境效益综合平衡。这种协调不仅是系统内部，还包括系统本身与外部环境在时间和空间上的平衡。

2.2.5 土地报酬递减规律

土地报酬递减规律是优化土地利用投入产出关系与经营方式的基本依据。土地本身不能生产，只有和劳动、资本等相结合，才能有产出。要使土地产出更多产品，提供最大收益，就需要研究和利用土地报酬递减规律，合理组织集约经营和规模经营。

从土地利用的全过程来看，土地报酬的运动规律是在正常情况和一般条件下，随着单位土地面积劳动和资本投入的增加，土地报酬先递增后递减。在技术条件不变的前提下，一个可变的生产要素同其他投入量不变的固定生产要素相配合进行生产时，改变可变的生产要素的投入量，产品的生产量即生产活动的报酬终会由递增转为递减[24]。这一变化可分为三个阶段：第一阶段是随着可变要素投入量增加，平均报酬、总报酬和边际报酬同时增加，是一种粗放经营的状态；第二阶段是随着投入的增加，边际报酬和平均报酬同时递减，但总产量仍在增长，一直达到最高点，处于合理集约经营状态；第三阶段资源的投入超越了集约利用的边际，不仅边际报酬和平均报酬递减，而且总报酬也下降，出现了负效应和不合理的过度经营状态。

在城市土地利用中，容积率高低反映了土地经营的集约程度。通常情况下，单位土地投入越多，容积率越高，土地经济效益（用地价表示）越好。但是，土地的投入和容积率的提高所取得的经济效益是有一定限度的，土地开发强度一旦超过这个界限，土地总收益就会遵循土地报酬递减规律下降。两者关系如图 2.1 所示。

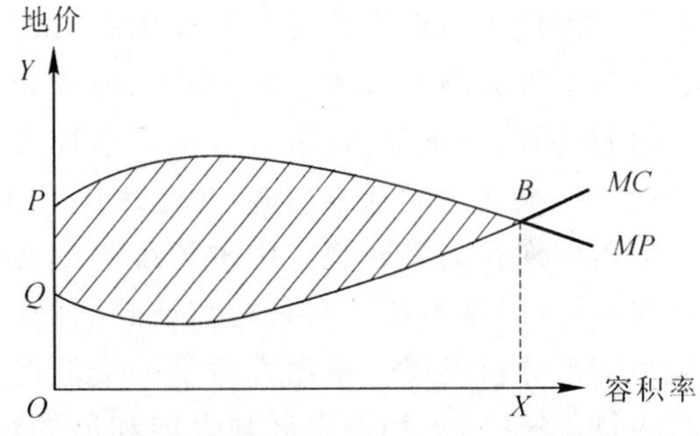

图 2.1 地价与容积率的关系示意图

图 2.1 中纵坐标代表房地产开发的地价，横坐标代表容积率，曲线 MP，MC 分别表示房地产开发的边际收入和边际成本（包括合理的开发利润，不包括地价）。当房地产处于低度开发时，随着建筑层数和容积率的提高，房屋的边际收入提高，边际成本下降，所能支付的地价也相应增加。随着房地产的楼层和容积率的增加，高层建筑增加了电梯、高压给水、防火等设施，造成边际成本上升；同时，高层建筑由于有效利用空间减少，边际收入也开始下降，但所能支付的地价总量仍在增加。当 MP，MC 相交于 B 时，土地达到最佳的利用状态，开发者能支付的地价最高。图中 X 点是土地开发最佳容积率；$PBXO$ 包围的面积是期望收入，$QBXO$ 包

围的面积是合理利润的开发成本，而 PQB 包围的面积，是土地开发者愿意支付的最大地价，即政府获得的最佳地价款。如果容积率超过 X 点，边际成本高于边际收入，开发者能支付的地价将降低；若维持最高地价不变，提高容积率将导致利润下降。

旧城区土地多为低度利用土地，即粗放经营的土地。主要表现为对土地的投入少、使用强度低，以低层建筑为主，且建筑密度和容积率偏低。这类土地若符合规划，只要增加投入，就可以获得显著的经济效益。此外，旧城区分布着一些低层的住宅区，虽然建筑密度较高，但容积率不高，配套设施不完善，土地利用效率较低。通过综合改造，用配套设施完善的现代多层或高层建筑代替传统的低层住宅，充分挖掘土地利用潜力。同时，遵循土地报酬递减规律，合理设置建筑密度和容积率，实现经济效益、社会效益和环境效益共赢。

2.2.6 和谐理论

中国传统哲学强调人与自然的和谐共生，提倡“天人合一”。中国传统文化所体现的“和谐”精神与理念，涵盖了人—社会—自然整体系统之间的复合关系。几千年来，中国在和谐理念的指导下创造了高度的农业文明，成为世界四大文明古国之一。古代和谐思想体现为整体思想，认为世界是一个整体，人与社会、人与自然是一个不可分割的系统。人、动物、植物和自然界在关系上是和谐的，在道德上是相同的，强调尊重生命，善待万物。这种人与人、人与社会、人与自然之间的和谐正是东方传统文化的基本精髓，也是中国几千年农耕文明发展的基本理念。

西方现在的发展观与中国传统的发展观在时代特征与具体内容上都存在着一定的差异，但基本精神却是相似或趋同的。西方哲学从发展中寻求和谐，东方哲学从和谐中寻求发展。东西方哲学的交汇点就是“和谐中的发展与发展中的和谐”动态的复合统一，是和谐发展与发展和谐的辩证统一的发展观。没有和谐的发展是不可持续甚至是危险的发展，终归是“反发展”；没有发展的和谐是一种静止的、低层次的和谐，始终是“假和谐”。

党的十六届三中全会提出了科学发展观，它的基本内涵是“坚持以人为本，树立全面、协调、可持续的发展观，促进经济、社会和人的全面发展”，坚持“统筹城乡发展、统筹区域发展、统筹经济与社会发展、统筹人与自然和谐发展、统筹国内发展和对外开放的要求”。科学发展观是对中国传统哲学“和谐”观的创造性的运用。“全面、协调、可持续发展”与中国传统哲学的和谐思想完全一致，是传统和谐思想的具体运用和体现。

在大兴新区综合改造过程中，坚持和谐思想，就是要坚持科学发展观，坚持三个方面的统筹：一是坚持统筹区域发展。以科学发展观为指导，政府从全局出发综合考虑大兴新区开发改造，协调区域关系，缩小大兴新区与其他区域之间的发展差距，形成相互促进、优势互补、共同发展的新格局，最终促进区域经济协调发展。二是坚持统筹经济社会发展。在促进大兴新区经济快速发展的同时，注重科技、教育、文化、卫生、体育等社会事业发展，加大学校、广场、医院、体育馆等公共服务设施建设力度，不断满足人民群众在精神文化、健康安全等方面日益增长的需要，实现经济发展与社会进步相结合。三是坚持统筹人与自然和谐发展。随着大兴新区开发建设力度的加大，人口不断增多，对生态环境将形成较大的压力。因此，要高度重视大兴新区资源和生态环境问题，处理好经济建设、人口增长与生态环境保护的关系，增加绿化覆盖率，努力达到34%以上的创建国家园林城市指标，使其成为一个生态良好、适宜人居的区域。

2.2.7 城市有机更新理论

城市更新历来就是城市发展过程中重要而敏感的话题，旧城基于它的社会、经济、文化地位等的重要性而受到各方面关注。伴随着城市经济结构和社会结构的深刻变革，人们生活方式和价值观念也随之改变，旧城区不可避免也会产生诸多的不适应，尤其是在城市化发展的加速阶段，这种矛盾更加凸显。城市更新是一项复杂的系统工程，涉及历史、文化、经济、环境等诸多方面，如果没有全面系统的研究，很容易对城市造成不可估量或无法挽回的巨大损失。在实践中，“城市更新”被简单地理解成对物质环境的“改造”，还未构成一套较为完整的、切实可行的战略和措施[25]。

1. 国外的城市更新理论

自20世纪60年代以后，许多西方学者开始从不同角度，对以大规模改造为主要形式的“城市更新”运动进行研究。英国社会学家霍华德倡导的“田园城市”理论，对后来的有机疏散理论、卫星城理论等产生了较大的影响，也为有机更新理论研究与实践奠定了基础。芬兰籍美国建筑师沙里宁提出的有机疏散城市结构理论对有机更新理论产生了直接的影响。沙里宁通过生物和人体的认识来研究城市，认为城市是人类创造的一种有机体，由许多“细胞”构成。以日本丹下健只和黑川纪章为代表的新陈代谢派利用生物界基本规律，主张采用最新技术，不断改进生活设施等来适应技术革新带来的变革，同时也应注重历史传统的新旧关系，保持传统。

2. 我国的城市有机更新理论

伴随着西方社会在城市更新理论方面的研究，中国老一辈建筑学家也开始在如何继承北京的传统城市特色方面展开热烈的讨论。但由于历史、政治等方面的原因，中国许多有历史价值的城市精品被作为“恶俗的旧文化代表”而被拆除。直到20世纪80年代末期才出现了比较成功的两个旧城更新实践，即吴良镛教授主持的菊儿胡同住宅改造（1989－1991年）和建筑师黄汇主持的小后仓住宅改造（1988－1991年），其在如何继承传统并加以创新以满足现代居民的生活需求方面进行了有益的探索。在菊儿胡同工程的实践中，吴良镛教授结合北京实际情况，首先提出并对“有机更新”理论进行了试验研究，获得了国内外的一系列奖项。有机更新理论丰富了城市更新的理论成果，特别是在北京的成功实践，引起了国际的广泛关注。

有机更新理论的雏形早在1979—1980年由吴良镛教授领导的什刹海规划研究中已经形成。这项规划明确提出了“有机更新”的思路，即：①质量较好、具有文物价值的予以保留；房屋部分完好者加以修缮；已破败者进行拆除更新。拆、改、留的比例根据对区域进行调查的实际情况确定。②居住区内的道路保留胡同式街坊体系。③新建住宅将单元式住宅和四合院住宅形式相结合，探索“新四合院”体系。此思路在1989年开始的菊儿胡同住宅改造工程中得到实践，取得了有目共睹的成功。

有机更新理论的核心思想是主张按照城市内在发展规律，顺应城市肌理，达到有机秩序。从有机更新到新的有机秩序是人文复兴与人居环境整体发展的途径。正如吴良镛先生所论述的“城市有机更新”，即采取适当规模、合适尺度，依据改造的内容与要求，妥善处理目前与将来的关系，不断提高规划设计质量，使每一片的发展达到相对的完整性，这样集无数相对完整性之和，即能促进北京旧城的整体环境得到改善。这实际上是城市有机更新理论的广义论述，即在不同的内容与要求下，“适当规模，合适尺度”是旧城改造的解决之道。从某种意义上说，有机更新理论不仅在积极探索适应北京旧城更新城市设计理念，努力追求将可持续发展战略具体运用到北京旧城更新的实践中，而且对于整个中国的城市更新实践都具有重要的指导意义。

城市有机更新理论主要由三部分构成：①城市整体的有机性。作为供千百万人生活和工作的载体，城市从总体到细胞是一个有机整体，城市的各个部分之间像生物体的各个组织一样，彼此关联、和谐共处，形成整体的秩序和活力。②细胞和组织更新的有机性。同生物体的新陈代谢一样，构成城市本身的城市细胞（如供居民居住的四合院）和城市组织（街区）也要不断地更新，但新的城市细胞仍应顺应原有城市肌理。③更新过程的有机性。“生物体的新陈代谢（是以细胞为单位进行的一种逐渐的、连续的、自然的变化）遵从其内在的秩序和规律，城市的更新亦当如此”。

城市有机更新理论和传统城市更新是有区别的。主要表现在：①更新的进程不同。传统的城市更新方法是阶段性、终止性、封闭性；而现代城市有机更新方法是持续性、渐进性、开放性，具有动态特征。②更新的目标不同。传统的城市更新方法以经济效益为主；而现代城市有机更新方法兼顾社会、经济、环境综合效益，满足人的多层次需求。③更新的主要内容不同。传统的城市更新内容仅是物质形态空间；而现代城市有机更新内容包括物质形态空间、地域社会空间和环境空间。④更新的理念不同。传统的城市更新方法基于现代功能主义；而现代城市有机更新方法基于可持续发展理论。

现代意义上西方国家的“城市更新”大致经历了3个发展阶段。一是20世纪40至50年代基于形体规划思想的拆旧建新式改造阶段。二是20世纪60至70年代基于人本主义思想的渐进式综合性改造阶段。三是20世纪80年代以来基于可持续发展理念的多目标和谐更新阶段。杭州市的“城市有机更新”，既吸取了西方国家城市更新初期阶段拆旧建新的教训，又吸收了20世纪60年代以来西方国家城市有机更新理论注重以人为本、注重历史价值保护、注重城市可持续发展等精华，实现了在继承基础上与时俱进、创新发展。杭州“城市有机更新”的最大创新在于把科学发展观引入了“城市更新”，强调推进“城市有机更新”的实质是走科学城市化道路；把生物学中的“生命”概念引入城市建设，把城市作为一个生命体来对待，突出“有机”二字[26]。

2.2.8 新经济地理学理论

第二次世界大战之后，国际贸易和长期经济增长的现实表现与传统的新古典理论所预测的经济图景不一致。为解释这一现象，一些新的研究方法应运而生。首先，以不完全竞争和报酬递增理念为基础的研究方法开始表现出强劲的发展势头。其次，20世纪80年代兴起的新贸易和新增长理论所采用的报酬递增假设以及分析框架为解释经济活动的集聚现象提供了新的途径，它在解释行业内贸易、专业化和无限增长方面获得长足发展，对传统贸易与增长理论做出了具有重要意义的补充。但是在各自的框架内仍存在一些不能完全解释的问题，涉及报酬递增、运输费用、要素流动性以及这三者之间通过市场而传导的错综复杂的相互作用。因此，经济学家将研究的范围进一步扩展到经济地理学领域，希望从新的角度得出一些启示。另外，经济全球化的迅猛发展及由此引发的一些投资、贸易、要素流动和区域政策问题也对经济地理学的研究提出了新的要求。在此背景下，自 20 世纪 90 年代以来，新经济地理学借助垄断竞争模型（简称 D－S 模型）和新贸易、新增长理论研究三次波涛的推动作用，成为经济学领域报酬递增理论革命的第四次波涛[27]。

新经济地理学研究以报酬递增和不完全竞争理论假设为基础。1977 年狄克斯特和斯蒂格利茨将张伯伦的垄断竞争概念用数学模型形式化，为解决复杂的经济地理问题提供了一个难得的分析框架。在一个引入了报酬递增和不完全竞争的世界，经济活动的演化不再是线性的，而是由非线性动态所支配的。经济活动的空间集聚所呈现出的循环累积因果关系，就是一幅活生生的非线性的蛛网图，一个产业带一旦建立，在没有外部扰动的情况下，这一循环将会长期持续下去，这就是布赖恩・亚瑟所谓的集聚的路径依赖（path-dependent）特性。这种“历史依赖”不管属于什么样的原因，某种专业化生产与贸易格局只要建立，从贸易获得的报酬将累积循环，从而使得这一格局因进一步强化而被锁定（locked-in）。因此，新经济地理学的主要理论基础是报酬递增和不完全竞争两种理论。

新经济地理学是以报酬递增、不完全竞争作为假设前提，以数学建模为工具，研究资源在空间配置以及经济活动中的区位问题，把空间因素容纳到一般均衡理论的分析框架中，分析经济活动的空间分布规律，解释现实中存在的不同规模、不同形式生产的空间集中机制，并通过这种机制的分析探讨区域（世界）经济增长规律与途径。新经济地理学主要模型有核心-周边模型（也称要素流动模型）、全球化和产业扩散模型、知识溢出模型、资本创造模型、垂直联系模型和城市体系模型。其中，核心-周边模型是新经济地理学理论的核心模型。在综合考虑各模型的特征后，以下模型可供大兴新区综合改造时参考。

（1）核心-周边模型。核心-周边模型指两个区域初始条件完全相同并且不存在外力作用，经济系统的内生力量使区域演化产生分异，产业集聚，形成极端的核心-边缘结构。产业集聚区域（核心区）在满足本地需求的同时向非集聚区域（边缘区）大量输出商品。核心区的市场需求远大于边缘区，并成为它进一步吸纳产业、积累资本和创新的重要力量来源。核心区由于运输和贸易成本的节省而对产业和人口形成巨大吸引力，这些力量本身既自我加强又相互加强，形成循环因果，并同时涉及空间和时间两个维度，在空间上的影响随距离增加而衰减，但在特定阶段往往随时间延续而增强。

(2)全球化和产业扩散模型。全球化和产业扩散模型指当某个国家已经取得了自我强化的产业优势,其工资水平将高于其他国家,随着世界商品需求继续增加,该国的产业集聚继续强化,工资进一步上升,最终,国家间的工资差距将过分悬殊,厂商向其他国家转移产业将有利可图,于是第二个国家开始产业集聚的自我强化过程,这个过程的继续还会导致产业向第三国集聚,以此类推。大兴新区可考虑利用此模型的原理,充分发挥区域内形成的产业优势,吸引外资及国内发达区域的资本。

(3)知识溢出模型。知识不同于普通商品之处在于知识具有溢出效应(因为知识具有可传播性和可复制性,推动经济发展)。知识溢出产生的聚集经济、规模经济,使要素边际收益递增,从而引起经济活动的地域空间聚集和扩散,带动区域生产力提高,促进区域经济发展[28]。

2.2.9 精明增长理论

"精明增长"的概念,最早于20世纪50年代后期由美国的环境学者和城市规划师提出。当时美国许多大城市出现中心区人口停止增长,近郊小城镇人口迅速增加的郊区化现象,城市面积蔓延加剧。这种缺乏科学用地规划、占用大量土地的城市发展模式造成了城市环境品质下降、社会阶层分化、城市建设成本增加等一系列问题[29]。这种观念主要体现在环境塑造中空间形体与周围自然环境的相互融合,以及对天然材料特质的尊重及其在实践中的广泛利用。

作为应对城市蔓延的产物,精明增长并没有确切的定义,不同的组织对其有不同的理解。环境保护者认为精明增长是"一种服务于经济、社区和环境的发展模式,注重平衡发展和保护的关系",农田保护者认为精明增长是"通过对现有城镇的再开发保护城市边缘带的农田";国家县级政府协会(NACO)认为精明增长是"一种服务于城市、郊区和农村的增长方式,在保护环境和提高居民生活质量的前提下鼓励地方经济增长"。精明增长理论经过几十年的实践、争议、检验,到20世纪90年代末,形成了较完整的理论体系,确定了精明增长的10条原则:土地混合使用;适合步行的社区;紧凑的建筑设计;提供多种交通选择;保护开敞空间、农地、自然景观以及重要环境区域;具有吸引力的社区;能满足各种收入水平人群的符合质量标准的住宅;强化现有社区的发展;使发展决策具有可预见性、公平性和成本效益性;公共参与。

精明增长的核心问题是如何既能满足市场各方的用地需求又不造成城市蔓

延。精明增长是一种强调环境、社会和经济可持续的共同发展，强调对现有社区的改建和对现有设施的利用，强调减少交通、能源需求以及环境污染来保证生活品质的较为紧凑、集中、高效的发展模式。

城市增长的"精明"主要体现在两个方面：一是增长的效益，有效的增长应该是服从市场经济规律、自然生态条件以及人们生活习惯的增长，城市的发展不但能繁荣经济，还能保护环境和提高人们的生活质量；二是容纳城市增长的途径，按其优先考虑的顺序依次为：现有城区的再利用→基础设施完善、生态环境许可的区域内熟地开发→生态环境许可的其他区域内生地开发。通过土地开发的时空顺序控制，将城市边缘带农田的发展压力转移到城市或基础设施完善的近城市区域。因此，精明增长是一种高效、集约、紧凑的城市发展模式。

目前，中国的城市化高速发展，城市面积也急剧扩张，城市建设出现无限制、低密度的发展趋势。如何在保证城市可持续发展的前提下，有效地控制城市蔓延，提高土地的利用效率以及节约和集约利用土地，成为当前亟待解决的问题。精明增长最直接的目标就是控制城市蔓延，具体目标包括四个方面：一是保护农地；二是保护环境，包括自然生态环境和社会人文环境两个方面；三是繁荣城市经济；四是提高城乡居民生活质量。通过城市精明增长计划的实行，促进社会可持续发展[30]。

实现城市精明增长有三条基本途径：①充分利用价格手段的引导作用；②发挥政府财政税收政策的指向作用；③综合利用土地法规的控制作用。精明增长的基本假设是通过科学的规划可以平衡资源保护与开发之间的关系，而城市的一切发展均以土地为载体，城市增长的"精明"最终落实在土地利用的精明上。因此，编制科学的土地利用规划是实现城市精明增长的关键。

2.3 旧城改造中土地集约利用的原则

旧城改造是提高土地集约利用水平的重要途径，改造中要坚持以下几个原则。

2.3.1 政府主导、市场运作

政府主导是指充分发挥政府在综合改造中的作用，加强政府对项目实施的组织领导和协调，实现区域内资源的合理配置。市场运作是指在土地储备、拆迁安置和招商引资过程中，遵循市场价值规律，按照公平自愿的原则，通过市场调控实现土地开发的目标。

政府发挥主导作用，吸引社会力量参与，进行市场化运作，力求实现村民、投资者、政府三方共赢。其优点表现在：①投资者经验丰富，且经济实力、经营管理能力和技术力量强，既可以保证改造区的品质与档次，又能提高市场价值与社会影响力，有利于实现土地价值最大化；②易于开发资金周转和统筹协调多方利益，实现共赢。其缺点主要表现在：①投资者受经济利益驱使，对于公共配套设施考虑不足；②投资者独立承担改造工作，可能侵占村民部分利益，投资者占有开发经营的绝大部分利润，且投资者与权利主体进行拆迁谈判容易引起争端，增加改造难度。

2.3.2 科学规划、综合开发

科学规划是综合改造和提高土地集约利用水平的前提和基础。制订规划要从实际出发，用战略思维科学地确定地区发展和城市功能定位，科学预测、合理规划地区的社会经济、文化、环境的可持续发展。同时，还要处理好文明传承与创新发展、人文精神与绿色生态等诸多关系。

综合开发就是把旧城改造与路网改造、水系治理、生态系统布局、产业布局、产业结构和商业街改造相结合，实行全面规划、合理布局、综合整治、配套建设，实现良好的社会效益、环境效益和经济效益；特别是要以城市规划为指导，通过综合开发、配套建设等途径，优化城市结构，完善城市功能，为人们工作、生活创造更加安全、舒适、方便的环境。

2.3.3 拆、改、留并举

综合改造不是大拆大建或统拆新建，而是要因地制宜，因房而异，坚持拆、改、留并举。对不符合规划和产业布局要求，破旧低矮、严重影响市容景观的房屋必须拆除；对符合规划、但建筑风格与城市景观不相符的现代建筑予以保留，按照城市规划统一风格进行整治；对有文物价值的建筑要予以保留、抢救或修复，充分体现其经济、文化价值。

2.3.4 区域运营

区域运营就是整合改造区域内的各种资源，达到区域价值最大化，即政府从投入产出的角度出发，将城市某一区域当做市场经济一个单元来运作，利用市场机制，将区域内各种资源资产化，使社会资源配置在容量、结构和秩序上达到最大化和最优化，实现经济效益、社会效益以及生态效益多重目标，促使资金自我积累和循环利用，确保区域发展的良性循环，提升区域价值，促进区域有形和无形资产的保值增值。在产业结构调整、区域空间脉络整合、区域资源的重新组合和整体开发等要素整合方面实现区域整体价值的保值增值[31]。

2.4 土地集约利用实现模式

2.4.1 已有用地约束管理模式

针对一些单位圈占土地、浪费土地的问题，各城市可根据具体情况制定相应的政策法规，如对现有土地未得到充分利用的单位不新批土地，必要时还可制定强制政策，除国家重要权力机关及涉及国家安全的国防军事用地之外，一律不得圈占土地，多占的土地要退还，还可推行收取土地闲置费、年租金等诱导性政策。该模式几乎适宜于所有城市，因为目前几乎所有城市都存在着土地“圈而不用”的问题。土地管理部门也应建立集约用地考核评价制度，采取对集约用地奖励和对粗放用地惩罚等措施，促进城市土地集约利用。对已批准项目，应对前期已批用土地的集约利用水平进行评价，没有达到集约用地标准的项目，其二期或三期用地不予批准。另外，对城市内下属地区也进行年度集约用地考核，对土地利用集约度较高的地区，给予优先安排下年度土地利用计划等奖励；对土地利用集约度不高，未达到考核标准的地区，则限制其扩大现有建设用地规模，加强存量土地集约利用。

2.4.2 旧城改造和土地置换模式

城市旧城改造和土地置换是更新城市空间，提高城市土地利用综合效率，实现城市土地可持续利用的手段或途径。城市土地置换通过发挥城市土地的级差地租效益，消除城市存量土地闲置现象，保证城市土地获得有效利用。因此，现在城市存量土地可持续利用的最好途径是在企业改制和城市土地使用制度改革的基础上，转换土地使用功能，调整土地利用结构和空间布局，将利用率低和经济效益差的土地置换出来，重新进行配置，使城市存量土地利用获得最大的综合效益，实现城市土地的可持续利用。政府可采取直接投资（特别是一些基础性和公益性项目）、提供财政担保或补贴、发行金融债券等方式，单位和个人及外商可本着“谁出钱、谁受益”的原则自愿参与旧城改造和土地置换。

2.4.3 新增用地门槛约束模式

为提高城市土地集约利用水平，对于新增建设项目的审批，应加强城市土地利用集约度审查，提高新增项目用地的集约度。通过制订合理的城市用地集约度门槛，限制集约水平不高的项目用地。集约度门槛的确定应参考当今国内外同类城市土地利用的需要与可能。另外，集约度门槛的设置应区分不同城市分别设置，如经济相对发达的城市，门槛可以高些，经济相对落后的城市可以低些。集约度门槛的设置还要考虑新增建设项目的不同性质和不同类型，对工业用地和经营性用地应区别对待。同时，加强土地储备与投放制度的功能。土地储备与投放制度作为政府调控土地市场的重要手段，可结合城市集约利用水平的评价结果，宏观调控城市土地集约利用水平。粗放型城市由于土地集约利用度水平较低，应适当储备土地，促进存量土地的集约利用；集约型城市的集约利用水平较高，应适当投放土地，释放过度利用土地的压力。

参考文献

[1] 洪增林．西安市城中村改造中集体土地使用模式探讨[J]．经济观察，2008(3)：19－23.

[2] 李玉军．"城中村"问题初探．贵州大学学报：社会科学版[J]，2005，23(4)：68－72.

[3] 李忆冰，崔海洋．城中村改造规划研究[J]．北京规划建设，2005(3)：15－17.

[4] 史金平，王双．武汉市城中村改造新思路[J]．经济研究导刊，2006，7：118－120.

[5] 查志强．城市土地集约利用潜力——评价指标体系的构建[J]．浙江统计，2004(5)：9－11.

[6] 洪增林，薛惠锋．城市土地集约利用潜力评价指标体系[J]．地球科学与环境学报，2006(1)：106－110.

[7] 何芳，吴正训．国内外城市土地集约利用研究综述与分析[J]．国土经济，2002(3)：35－37.

[8] 张金萍．城市土地集约利用潜力评价信息系统开发与应用研究[D]．山东师范大学，2003：4.

[9] 罗鸿铭．城市土地资源集约化配置模式与利用策略选择[J]．现代财经，2004，24(7)：22－25.

[10] 蔡文，万涛，王雄．城市土地集约利用潜力评价研究[J]．科技进步与对策，

2006(01):137－139.

[11] 江景波，华楠.城市土地利用总体规划——方法·模型·应用[M].上海:同济大学出版社，1997:12－15.

[12] 吴传清.论任美锷关于韦伯工业区位理论的研究[J].中南财经政法大学学报，2007(4).27－31.

[13] 李小健.经济地理学[M].北京:高等教育出版社，2004:25－35.

[14] 王万茂.土地利用规划学[M].北京:中国大地出版社，1996:37－47.

[15] 姚士谋，汤茂林，等.区域与城市发展论[M].合肥:中国科学技术大学出版社，2004:20－25.

[16] 朱英明.城市群经济空间分析[M].北京:科学出版社，2005:12－15.

[17] 何芳.城市土地集约利用及潜力评价[M].上海:同济大学出版社，2003:22－27.

[18] 吴次芳，鲍海君.土地资源安全研究的理论与方法[M].北京:气象出版社，2004:21.

[19] 余方镇.城镇化与土地资源集约利用研究[J].开发研究，2005(2):54－58.

[20] 赵晶.徐建华，等.上海市土地利用结构和形态演变的信息熵与分维分析[J].地理研究，2004(3):5－9.

[21] Fu-long Wu. China's recent urban development in the process of land and housing marketisation and economic globalization[J]. Habitat International,2001(5):273－289.

[22] 张志宏.城市土地集约利用模式的探讨[D].南京:南京师范大学，2006:18－19.

[23] 徐理.基于协同论的城市土地集约利用潜力评价——以武汉市为例[J].河北农业科学，2009，13(09):102－104.

[24] 汪波，王伟华.城市土地集约利用的内涵及对策研究[J].重庆大学学报，2005(5):45－49.

[25] 李倞，徐析.浅析城市有机更新理论及其实践意义[J].现代园林，2008(7):25－27.

[26] 王国平.推进城市有机更新，走科学城市化道路——关于城市化挑战与杭州城市有机更新的思考[J].政策瞭望，2008(6):5－11.

[27] 郭利平，沈玉芳.新经济地理学的进展与评价[J].学术研究，2003(7):73－76.

[28] 邱竞，薛冰.新经济地理学研究综述[J].兰州学刊，2008(4):76－80.

[29] 张雯.美国的“精明增长”发展计划[J].现代城市研究，2001(5):37－38.

[30] 张娟,李江风.美国"精明增长"对我国城市空间扩展的启示[J].城市管理与科技,2006,8(5):45-46.
[31] 娄晶,赵黎明,付春满.城市经营"区域协作"模式探讨[J].北京交通大学学报.社会科学版,2005.4(1):78-80.

第三章 土地集约利用相关政策分析

近年来，针对土地利用面临的严峻形势，国务院、国土资源部围绕建立土地集约利用控制性指标，促进土地集约利用的问题作出一系列明确和十分具体的要求，各地方政府也因地制宜地制定出台了一系列具体的政策法规，做出了诸多有益的探索。

3.1 我国土地集约利用相关政策

3.1.1 2003年及以前土地集约利用相关政策

2000年6月18日国务院发布《中共中央、国务院关于促进小城镇健康发展的若干意见》(中发〔2000〕11号)，主要内容为：①发展小城镇要统一规划，集中用地，做到集约用地和保护耕地，防止乱占耕地等；②小城镇建设用地要纳入土地利用总体规划和土地利用年度计划，对不同建设用地指标，由不同部门安排，严格限制分散建房的宅基地审批，鼓励农民进镇购房或按规划集中建房；③小城镇建设用地，除法律规定可以划拨的以外，一律实行有偿使用。建设用地的有偿使用收益，要保证耕地占补平衡。

2001年6月6日国务院第40次常务会议通过《中华人民共和国城市房屋拆迁管理条例》(国务院令第305号)，为了加强对城市房屋拆迁的管理，维护拆迁当事人的合法权益，保障建设项目顺利进行，规定了总则、拆迁管理、拆迁补偿与安置、罚则等方面的内容。该条例的出台为城市规划区内、城市规划区外国有土地上实施房屋拆迁，对被拆迁人补偿、安置等提供了依据。

2003年8月12日，国务院发布《关于促进房地产市场持续健康发展的通知》(国发〔2003〕18号)，明确要求各地要加强对土地市场的宏观调控，健全房地产开发用地计划供应制度，房地产开发用地必须符合土地利用总体规划和年度计划，严格控制占用耕地，不得下放土地规划和审批权限。利用原划拨土地进行房地产开发的，必须纳入政府统一供地渠道，严禁私下交易。土地供应过量、闲置建设用地过多的地区，必须限制新的土地供应。对于普通商品住房和经济适用住房供不应求、房价涨幅过大的城市，可以按规定适当调剂增加土地供应量。

2003 年 11 月，国土资源部发布《关于进一步采取措施落实严格保护耕地制度的通知》(国土资发〔2003〕388 号)，明确要求“完善供地政策和标准，提高土地集约利用水平”。内容包括：

(1)依法提高政府供地的市场化程度。要充分发挥市场竞争对促进土地集约利用，减少占用耕地的有效作用。要坚决执行经营性用地招标拍卖挂牌出让制度，从严查处违规出让行为。要进一步规范协议出让土地使用权的行为。对具有竞争性的工业用地，引入竞争和公开机制。要落实协议出让最低价制度，防止各地竞相低价出让土地和企业因用地成本低而“多占少用”、“竞打竞用”、“低效利用”的粗放用地行为。要严把土地登记关口，对经营性用地没有进行招标拍卖挂牌的，不予登记；对出让地价明显低于出让底价的，不予登记；对未全部缴纳土地出让金的，不予登记；对违反规划改变土地用途的，不予登记。

(2)建立完善集约用地新机制。要完善建设用地定额指标和土地集约利用评价指标体系，进一步细化各行业用地标准，明确包括推行单位土地面积的投资强度、土地利用强度、投入产出率等指标的供地标准，严格按标准供地。

(3)强化土地市场动态监测分析。要建立土地市场动态监测分析制度，及时发布土地供应信息，把握土地市场走势，适时调控土地供应量。汇总城镇地籍调查数据，掌握城镇土地利用现状及变化情况。抓紧开通运行土地市场监测分析系统和城市地价动态监测系统，继续加强对重点地区和主要城市地价动态变化的监测，提高地价信息的社会共享程度，发挥地价对土地资源配置的“杠杆”作用。

3.1.2　2004 年土地集约利用相关政策

(1)限时处理遗留问题，提高供地门槛。继 2003 年 7 月国务院发文严格控制土地供给以后，国土资源部、监察部又联合发文，严令各地须在当年 8 月 31 日前将协议出让土地中的“遗留问题”处理完毕，否则国土资源部有权收回土地，纳入国家土地储备，称为“8・31 大限”。此举是政府从土地供应上抑制房地产过热的又一举措。

(2)实行节约集约用地政策。2004 年 10 月，国务院下发《国务院关于深化改革严格土地管理的决定》(国发〔2004〕28 号)，其中明确要求：实行强化节约和集约用地政策。建设用地要严格控制增量，积极盘活存量，把节约用地放在首位，重点在盘活存量上下功夫。新上建设项目首先要利用现有建设用地，严格控制建设占用耕地、林地、草原和湿地。开展对存量建设用地资源的普查，研究制定鼓励盘活存量的政策措施。各地区、各有关部门要按照集约用地的原则,调整有关厂区绿化率的规定,不得圈占土地搞"花园式工厂"。在开发区(园区)推广多层标准厂房。对工业用地在符合规划、不改变原用途的前提下,提高土地利用率和增加容积率,原则上不再收取或调整土地有偿使用费。基础设施和公益性建设项目,也要节约合理用地。今后,供地时要将土地用途、容积率等使用条件的约定写入土地使用合同。对工业项目用地必须有投资强度、开发进度等控制性要求。土地使用权人如不按照约定条件使用土地,要承担相应的违约责任。在加强耕地占用税、城镇土地使用税、土地增值税征收管理的同时,进一步调整和完善相关税制,加大对建设用地取得和保有环节的税收调节力度。2004 年 10 月 28 日,国务院召开"全国深化改革严格土地管理工作"电视电话会议。国务院总理温家宝指出,大力推进节约、集约用地。严格控制建设用地增量,着力盘活土地存量,新上建设项目首先要利用存量土地。制定新的企业用地定额标准,完善相关政策措施,防止闲置、浪费土地。

3.1.3 2005 年土地集约利用相关政策

(1)2005 年 6 月,国务院办公厅转发国土资源部《关于做好土地利用总体规划修编前期工作意见的通知》(国办发〔2005〕32 号),通知要求:研究如何促进节约和集约利用土地问题。按照以内涵挖潜为主,提高土地集约利用水平的原则,围绕保障宏观经济平稳运行和建立资源节约型社会的目标,从规模、结构和时序等方面,研究提出利用规划修编调控各业、各类用地的目标及政策建议。重点是:分析各业、各类用地的集约利用潜力,研究建立建设用地集约利用的规划指标体系,提出盘活存量用地的措施;根据经济社会发展要求,分析集约用地水平提高的长期变化趋势,预测各业、各类用地的合理需求,提出统筹安排存量和增量用地的措施。

(2)2005 年 7 月,《国务院关于做好建设节约型社会近期重点工作通知》(国发〔2005〕21 号)指出"强化节约和集约利用土地",其中包括:①实行严格的土地保护制度。修订和完善建设用地定额指标,完善土地使用市场准入制度;推进土地复垦。②开展农村集体建设用地整理试点。指导村镇按集约利用土地原则做好规划和建设,促进农村建设用地的节约集约利用;启动"沃土工程",加强耕地质量建设,提高耕地集约利用水平。③研究提出节约集约用地的政策措施。重点研究提出城市建设节约利用和集约利用土地的政策措施,以及交通基础设施建设集约利用土地的意见。④进一步限制毁田烧砖。认真实施《国务院办公厅关于进一步推进墙体材料革新和推广节能建筑的通知》(国办发〔2005〕33 号),推动第二批城市禁止使用实心黏土砖。

(3)2005 年 10 月 7 日,国家住建部《关于推进东北地区棚户区改造工作的指导意见》(建住房〔2005〕178号)。为贯彻落实党中央、国务院关于振兴东北地区等老工业基地的战略部署,推进东北地区棚户区改造,提出八项指导意见,包括:①推进棚户区改造应把握原则;②充分发挥规划的引导和调控作用;③因地制宜,多种方式推进棚户区改造;④规范拆迁程序,严格拆迁管理;⑤妥善做好居民安置工作;⑥切实做好设计服务和质量管理;⑦加大基础设施配套力度,保障冬季供热采暖;⑧加强改造后住宅区的管理与服务工作。这对改善城市低收入居民的居住和生活条件,维护社会稳定,振兴东北老工业基地都具有十分重要的意义。

3.1.4 2006年土地集约利用相关政策

(1)2006年5月17日召开的国务院常务会议提出了促进房地产业健康发展的六条措施:①调整住房供应结构。重点发展中低价位、中小套型普通商品住房、经济适用住房和廉租住房。各地都要制订和实施住房建设规划,对新建住房结构提出具体比例要求。②进一步发挥税收、信贷、土地政策的调节作用。严格执行住房开发、销售有关政策,完善住房转让环节税收政策,有区别地适度调整信贷政策,引导和调节住房需求。科学确定房地产开发土地供应规模,加强土地使用监管,制止囤积土地行为。③合理控制城市房屋拆迁规模和进度,减缓被动性住房需求过快增长。④进一步整顿和规范房地产市场秩序。加强房地产开发建设全过程监管,制止擅自变更项目、违规交易、囤积房源和哄抬房价行为。⑤加快城镇廉租住房制度建设,规范发展经济适用住房,积极发展住房二级市场和租赁市场,有步骤地解决低收入家庭的住房困难。⑥完善房地产统计和信息披露制度,增强房地产市场信息透明度,全面、及时、准确地发布市场供求信息,坚持正确的舆论导向。

(2)2006年8月1日,国土资源部制定的《招标拍卖挂牌出让国有土地使用权规范(试行)》(国土资发〔2006〕114号)和《协议出让国有土地使用权规范(试行)》(国土资发〔2006〕114号)正式施行,其中对招标拍卖挂牌或者国有土地使用权的范围作了细化,进一步明确六类情形必须纳入招标拍卖挂牌出让国有土地范围,包括供应商业、旅游、娱乐和商品住宅等各类经营性用地以及有竞争要求的工业用地,建立国有土地出让的协调决策机构和价格争议裁决机制。

(3)《国务院关于深化改革　严格土地管理的决定》(国发〔2004〕28号)印发后,在严格土地执法、加强规划管理、保障农民权益、促进集约用地、健全责任制度等方面,做出了全面系统的规定。各地区、各部门采取措施,积极落实,取得了初步成效。但是,2006年土地管理特别是土地调控中出现了建设用地总量增长过快,低成本工业用地过度扩张,违法违规用地、滥占耕地现象屡禁不止,严把土地"闸门"任务仍然十分艰巨。为进一步贯彻落实科学发展观,保证经济社会可持续发展，必须采取更严格的管理措施，切实加强土地调控，国务院印发了《国务院关于加强土地调控有关问题的通知》(国发〔2006〕31 号)文件，进一步明确土地管理和耕地保护责任，切实保障被征地农民的长远生计，规范土地出让收支管理，调整建设用地有关税费政策，建立工业用地出让最低价标准统一公布制度，禁止擅自将农用地转为建设用地，强化对土地管理行为的监督检查，严肃惩处土地违法违规行为。

(4)为进一步加强宏观调控，促进节约集约利用土地和产业结构调整，国土资源部、国家发改委制定了《限制用地项目目录》(2006 年本)和《禁止用地项目目录》(2006 年本)(国土资发〔2006〕296 号)，其中明确规定：凡列入《限制用地项目目录》(2006 年本)第一至第十类的建设项目或者采用所列工艺技术、装备的建设项目，各级国土资源管理部门和投资管理部门一律不得办理相关手续；凡列入《限制用地项目目录》(2006 年本)第十一至第十四类的建设项目，必须符合目录规定条件，各级国土资源管理部门和投资管理部门方可办理相关手续；凡列入《禁止用地项目目录(2006 年本)》的建设项目或者采用所列工艺技术、装备的建设项目，各级国土资源管理部门和投资管理部门一律不得办理相关手续；凡采用明令淘汰的落后工艺技术、装备或者生产明令淘汰产品的建设项目，各级国土资源管理部门和投资管理部门一律不得办理相关手续。

3.1.5 2007 年土地集约利用相关政策

(1)2007 年 1 月 1 日起实施的修订后的《城镇土地使用税暂行条例》，将城镇土地使用税税额标准提高两倍。

(2)2007 年 1 月 1 日起实施的《全国工业用地出让最低价标准》规定，工业用地纳入招拍挂范围。

(3)2007 年年初，国土资源部正式印发了《2007 年国土资源工作要点》(以下简称《要点》)，《要点》指出：在 2007 年国家将继续严格落实土地管理和耕地保护责任制、严格实行问责制等。加强遥感监测和动态巡查，及时掌握重点地区和重点城市土地违法情况，将违法行为的发现率、制止率列为重要考核指标。

(4)2007 年 10 月《物权法》开始施行。物权法作为确认财产、利用财产和保护财产的基本法律，对于法律体系的完善、经济的发展都具有重要的意义，且物权法为物业税的开征奠定了基础。物业税带来的持有成本的增加，是消费者置业投资所必须面对和重新考虑的问题。

(5)为了防止土地闲置以及开发商大面积囤地，根据《国土资源部关于加大闲置土地处置力度的通知》(国土资电发〔2007〕36 号)，土地闲置费原则上按出让或划拨土地价款的百分之二十征收；依法可以无偿收回的，坚决无偿收回。对于违法审批而造成土地闲置的，要在2007年年底前完成清退。能够恢复耕种的要恢复耕种，不能恢复耕种的纳入政府土地储备，优先安排开发利用。实行建设用地使用权“净地”出让，出让前，应处理好土地的产权、补偿安置等经济法律关系，完成必要的通水、通电、通路、土地平整等前期开发，防止土地闲置浪费。合理确定建设用地使用权出让的宗地规模，缩短开发周期。未按建设用地使用权出让合同约定缴清全部土地价款的，不得发放土地使用证书，也不得按土地价款缴纳比例分期发放土地使用证书。

(6)《招标拍卖国有建设用地使用权规定》(国土资源部令39号文)对国有建设用地使用权招拍挂出让范围、挂牌出让截止期限、缴纳出让价款和发放国有建设用地使用权证书等做出明确规定。《招标拍卖国有建设用地使用权规定》的颁布，使开发商取得土地的方式由分期付款、分期拿证的模式转向全部缴清土地款拿证模式。同时，要合理控制单宗土地出让规模，规定每宗地的开发建设时间原则上不得超过3年。

(7)2007年11月，国务院办公厅下发《关于加强和规范新开工项目管理的通知》(国办发〔2007〕64号)。要求从2008年1月起，总投资5 000万元以上的拟建项目须报国务院批准。

2007年11月19日，为改进和规范经济适用住房制度，保护当事人合法权益，国家七部委出台《经济适用住房管理办法》，从优惠和支持政策、建设管理、价格管理、准入和退出管理、单位集资合作建房、监督管理等方面进行了规定。

(8)2007年12月，国土资源部、财政部、中国人民银行联合制定发布《土地储备管理办法》(国土资发〔2007〕277号)(以下简称《办法》)。《办法》规定，土地储备是指市、县人民政府国土资源管理部门为实现调控土地市场、促进土地资源合理利用目标，依法取得土地，进行前期开发、储存以备供应土地的行为。土地储备工作的具体实施，由土地储备机构承担。各地应根据调控土地市场的需要，合理确定储备土地规模。土地储备实行计划管理。市、县人民政府国土资源管理部门实施土地储备计划，编制项目实施方案，经同级人民政府批准后，作为办理相关审批手续的依据。《办法》明确规定，储备土地必须符合规划、计划，优先储备闲置、空闲和低效利用的国有存量建设用地。《办法》的出台，进一步加强及完善了土地管理，这对于加大打击开发商的囤地行为有了更强的法律支撑，可以进一步释放闲置土地，增加商品房的供应。

3.1.6 2008年土地集约利用相关政策

(1)国土资源部《关于进一步加强和改进建设用地备案工作的通知》(国土资发

〔2007〕326号)规定,自2008年1月1日起建设用地实行动态备案。根据通知要求,建设用地备案的内容和范围进一步细化了指标,增加了使用建设用地的国民经济行业分类指标和项目的位置坐标等。在土地供应中新增了存量用地和土地利用开发要求等指标,进一步强化了对全程监管的要求。

(2)《国务院关于促进节约集约用地的通知》(国发〔2008〕3号),明确了五方面内容:第一,按照节约集约用地原则,审查调整各类相关规划和用地标准。①强化土地利用总体规划的整体控制作用;②切实加强重大基础设施和基础产业的科学规划;③从严控制城市用地规模;④严格土地使用标准。要健全各类建设用地标准体系,抓紧编制公共设施和公益事业建设用地标准。第二,充分利用现有建设用地,大力提高建设用地利用效率。①开展建设用地普查评价;②严格执行闲置土地处置政策;③积极引导使用未利用地和废弃地;④鼓励开发利用地上地下空间;⑤鼓励开发区提高土地利用效率。第三,充分发挥市场配置土地资源基础性作用,健全节约集约用地长效机制。①深入推进土地有偿使用制度改革;②完善建设用地储备制度;③合理确定出让土地的宗地规模;④严格落实工业和经营性用地招标拍卖挂牌出让制度;⑤强化用地合同管理;⑥优化住宅用地结构。第四,强化农村土地管理,稳步推进农村集体建设用地节约集约利用。①高度重视农村集体建设用地的规划管理;②鼓励提高农村建设用地的利用效率;③严格执行农村一户一宅政策。第五,加强监督检查,全面落实节约集约用地责任。①建立健全土地市场动态监测制度;②完善建设项目竣工验收制度;③加强各类土地变化状况的监测;④加强对节约集约用地工作的监管;⑤建立节约集约用地考核制度。

(3)关于发布和实施《工业项目建设用地控制指标的通知》(国土资发〔2008〕24号)(以下简称《控制指标》)规定,各级国土资源管理部门要严格执行《控制指标》与相关工程项目建设用地指标。不符合《控制指标》要求的工业项目,不予供地或对项目用地面积予以核减。对因生产安全等有特殊要求确需突破《控制指标》的,应当根据有关规定,结合项目实际进行充分论证,确属合理的,方可批准供地,并将项目用地的批准文件、土地使用合同等相关法律文书报省(区、市)国土资源管理部门备案。编制工业项目供地文件和签订用地合同时,必须明确约定投资强度、容积率、建筑系数、行政办公及生活服务设施用地所占比重、绿地率等土地利用控制性指标要求及相关违约责任。

3.1.7 2009年以来土地集约利用相关政策

2009年12月24日,国家住建部、国家发改委、财政部、国土资源部、中国人民银行《关于推进城市和国有工矿棚户区改造工作的指导意见》(建保〔2009〕295号)

规定，力争从2009年开始，结合开展保障性住房建设，用5年左右时间基本完成集中成片城市和国有工矿棚户区改造，有条件的地区争取用3年时间基本完成，特别应加快国有工矿棚户区改造，使棚户区群众的居住条件得到明显改善。并提出四项政策措施：多渠道筹措资金；加大税费政策支持力度；落实土地供应政策；完善安置补偿政策。

2010年2月5日，财政部《关于切实落实相关财政政策　积极推进城市和国有工矿棚户区改造工作的通知》（财综〔2010〕8号），要求各省、自治区、直辖市、计划单列市财政厅（局），新疆生产建设兵团财务局：第一，进一步提高对棚户区改造重要性的认识。第二，积极主动参与制定棚户区改造规划等相关配套措施：①参与制定棚户区改造规划和年度计划；②参与制定棚户区改造项目实施方案；③参与制定棚户区改造拆迁安置补偿方案。第三，多渠道筹集和落实棚户区改造资金：①市、县财政部门要按照国家规定安排好棚户区改造资金；②省级财政部门采取以奖代补方式推进棚户区改造工作；③市、县可以利用廉租住房建设资金支持棚户区改造工作；④中央将采取适当方式鼓励和支持各地做好棚户区改造工作。第四，确保棚户区改造各项税费优惠政策落实到位：①切实免收各项收费基金优惠政策；②严格按照规定免收土地出让收入；③认真贯彻落实相关税收优惠政策。第五，加强棚户区改造资金的使用管理和监督：①抓紧制定棚户区改造资金使用管理办法；②按照棚户区改造工作进度及时下达资金；③加强棚户区改造资金使用管理的监督检查。文件下发后，各省市都出台了相关贯彻落实意见。

《上海市人民政府关于贯彻国务院推进城市和国有工矿棚户区改造会议精神加快本市旧区改造工作的意见》（沪府发〔2010〕5号）规定，实行以土地储备为主的改造方式。对杨浦、闸北、虹口、黄浦、普陀等区的重点旧区改造推进项目，采取市、区合作土地储备的方式进行改造。积极推进旧区改造新机制：积极开展旧区改造事前征询居民意见工作；完善居住房屋拆迁补偿安置方式；进一步规范房屋拆迁行为。

《云南省人民政府关于推进城镇和国有工矿棚户区改造工作的实施意见》（云政发〔2010〕22号）规定，力争用3年左右时间，基本完成全省集中连片的棚户区改造任务，使棚户区群众的居住条件得到明显改善。城镇和国有工矿棚户区改造安置住房用地纳入当地土地供应计划优先安排。安置住房中涉及的经济适用住房和廉租住房建设项目，以行政划拨方式供地，并需在《国有建设用地划拨决定书》中明确约定住房套型建筑面积、项目开工竣工时间等土地使用条件。棚户区改造房屋拆迁补偿安置采取产权调换、实物安置与货币补偿相结合的方式。

《湖南省人民政府关于对中央下放煤矿棚户区实施改造的通知》（湘政发

〔2010〕5号)提出,从2010年开始,用3～4年时间,全面完成全省棚户区改造任务。在工程选址上,以原址就地建设为主。对地质条件不允许,或企业和属地政府能够落实建设用地的,可另行择址新建。在建设模式上,根据居民承受能力和愿望,可统一组织新建产权房,也可维修现有住宅,统一完善相关配套设施。

四川省五部门《关于推进全省城市和国有工矿棚户区改造工作的实施意见》(川建房发〔2010〕22号)规定,棚户区改造(安置)住房用地纳入当地土地供应计划优先安排,并简化行政审批流程,提高审批效率。棚户区改造实行实物安置和货币补偿相结合,由棚户区居民自愿选择。对符合当地规定住房保障条件的棚户区居民,通过相应保障方式优先安排。棚户区改造安置补偿应确保房屋所有权人以及承租公房居民的住房条件、环境得到明显改善。具体安置补偿办法由各地按照国家、省有关规定制定,并依法保护棚户区居民的合法利益。

2010年6月25日,国家财政部、国家住建部下发了《中央补助城市棚户区改造专项资金管理办法》(财综〔2010〕46号),要求城市棚改补助资金的补助范围为城市规划区内已纳入省级人民政府批准的棚户区改造规划和年度改造计划的城市棚户区改造项目,不包括城中村改造和城市规划区内的煤矿、垦区和林区棚户区改造项目。

2010年7月13日,国土资源部下发了《关于进一步做好征地管理工作的通知》,要求全面实行征地统一年产值标准和区片综合地价;征地中拆迁农民住房应给予合理补偿,并因地制宜采取多元化安置方式,妥善解决好被拆迁农户居住问题。在城市远郊和农村地区,主要采取迁建安置方式,重新安排宅基地建房。拆迁补偿既要考虑被拆迁的房屋,还要考虑被征收的宅基地。房屋拆迁按建筑重置成本补偿,宅基地征收按当地规定的征地标准补偿。

3.2 陕西省、西安市土地集约利用相关政策

3.2.1 陕西省土地集约利用主要政策

1.规范房屋拆迁补偿行为,维护被拆迁人合法权益

2003年9月28日,为了加强城市房屋拆迁管理,维护拆迁当事人的合法权益,保障建设项目顺利进行,根据国务院《城市房屋拆迁管理条例》以及有关法律、行政法规,陕西省出台《陕西省城市房屋拆迁补偿管理条例》,规定了陕西省城市拆迁房屋的管理体制、城市房屋拆迁工作程序、城市房屋拆迁补偿与安置内容、城市房屋拆迁估价、拆迁纠纷的处理等内容。

2. 深化土地使用制度改革，促进土地集约利用

陕西省人民政府《关于认真贯彻落实＜国务院关于深化改革 严格土地管理的决定＞的通知》(陕政发〔2004〕53 号)，明确规定要“深化土地使用制度改革，促进土地集约利用”。内容包括：①积极推进土地资源的市场化配置。严格依照国家划拨供地目录控制划拨用地范围，经营性基础设施用地要逐步实行有偿使用。商业、旅游、娱乐和商品住宅等各类经营性用地必须以招标拍卖挂牌方式出让，工业用地也要创造条件逐步实行招标拍卖挂牌出让。按照国家产业政策，对淘汰类、限制类项目分别实行禁止和限制用地，继续停止高档别墅类房地产、高尔夫球场等用地的审批。今后，要将土地用途、容积率等使用条件的约定写入土地使用合同，土地使用权人不按照约定条件使用土地的，要承担相应的违约责任。②强化节约和集约用地政策。建设用地要把节约放在首位，严格控制增量，积极盘活存量，重点在盘活存量上下功夫。基础设施和公益性建设项目，也要节约合理用地。各地要认真组织存量建设用地资源普查，研究制定鼓励盘活存量土地的政策措施。农用地转用批准后，满两年未实施具体征地或用地行为的，批准文件自动失效；已实施征地，满两年未供地的，在下达下一年度农用地转用计划时扣减相应指标，对具备耕作条件的土地，交原土地使用者继续耕种，或由当地人民政府组织耕种。对用地单位闲置的土地，依照土地管理法律有关规定处理。③调整土地收益分配机制，促进土地集约利用。经依法批准利用原有划拨土地进行经营性开发建设的，应当按照市场价补缴土地出让金；经依法批准转让原划拨土地使用权的，应当在土地有形市场公平交易，按照市场价补缴土地出让金，低于市场价交易的，政府应当行使优先购买权。在加强耕地占用税、城镇土地使用税、土地增值税征收管理的同时，落实国家对建设用地取得和保有环节的税收调节力度。新增建设用地土地有偿使用费要严格按法定用途使用，省级支配部分要向粮食主产区倾斜，审计部门要加强对收缴和使用的监督检查。④各地要尽快向社会公布基准地价，严格执行协议出让最低价标准。协议出让土地除必须严格执行规定程序外，出让价格不得低于法定的最低标准。要完善土地价格体系，开展农用土地的分等定级和估价工作。加强对土地评估中介机构的管理，完善土地评估报告备案、机构和从业人员从业监管制度。⑤规范村镇建设用地管理。农村集体建设用地，必须符合土地利用总体规划、村庄和集镇建设规划，并纳入土地利用年度计划，凡占用农用地的必须依法办理审批手续。要加强农村宅基地管理，改革和完善宅基地审批制度。禁止城镇居民在农村购置宅基地，禁止擅自通过“村改居”等计划调节将农民集体所有土地转为国有土地，禁止农村集体经济组织非法出让、出租集体土地用于非农建设。要积极引导新办乡镇工业向建制镇和规划确定的小城镇集中，在符合规划的前提下，村庄、

集镇、建制镇中的农民集体所有建设用地使用权可以依法流转。

3. 加大经济适用住房管理力度

2005 年 5 月 26 日，根据国家住建部、国家发改委、国土资源部、中国人民银行联合印发的《经济适用住房管理办法》，陕西省人民政府办公厅颁布了《关于印发陕西省实施〈经济适用住房管理办法〉细则的通知》（陕政办发〔2005〕42 号），规定了经济适用住房的优惠政策、开发建设、价格和公示、销售管理、监督管理等方面的内容。

4. 土地调控和集约利用方面的新突破

《关于"十一五"我省国土资源重点领域工作突破的实施意见》（陕国土资发〔2007〕9 号）（以下简称《意见》）明确要求通过 3～5 年的努力，在土地调控和节约集约用地、地质勘查找矿等方面取得新突破，节约集约用地要在现有基础上提高 5%～10%。《意见》明确规定，全省要在八个方面取得新突破，实现"十一五"国土资源管理工作目标。建立全省土地调控和节约集约用地新机制。制定全省城市土地节约集约利用相关考核标准，加大存量地和闲置用地利用力度，使全省大部分城市的节约集约用地水平在现有基础上提高 5%～10%，重点城市达到全国先进水平。出台农村集体建设用地管理的政策措施，促进农村集体建设用地转变利用方式，提高土地利用效率。

5. 有效推进节约集约用地

为贯彻落实《国务院关于促进节约集约用地的通知》（国发〔2008〕3 号）精神，陕西省人民政府出台了《关于推进节约集约用地的实施意见》（陕政发〔2008〕17 号），其中包括五方面内容：第一，严格执行土地利用总体规划，全面实行建设用地控制指标管理。①维护土地利用总体规划的严肃性，切实发挥土地利用总体规划的基础性整体控制作用；②严格土地供应政策。对于建设项目的供地，要严格执行国家和我省产业政策，凡国家《禁止用地项目目录》（2006 年本）中的禁止类项目严禁供地，《限制用地项目目录》（2006 年本）中的限制类项目要符合规定的准入条件，严格控制用地规模；③坚决执行建设用地控制指标，建设项目设计、施工和建设用地审批，必须严格执行国家和我省有关用地控制指标，对超标准用地的，要核减用地面积。进行改扩建的项目，原则上要在原址上进行；④加强对建设用地的批后监管，严禁长期征而不供和占而不用。第二，加大盘活存量建设用地力度，努力提高建设用地利用效率。①积极开展建设用地利用状况评价；②鼓励盘活利用存量建设用地；③加大处置闲置土地的力度；④积极引导使用未利用地和废弃地；⑤提高开发区土地利用效率。第三，深化改革，健全节约集约用地的市场机制。①严格控制划拨用地范围；②充分发挥价格机制在促进节约集约用地中的重要作用；③完善土地出让管理；④严格落实经营性用地和工业用地招标、拍卖、挂牌出让制度。第四，加强农村集体建设用地管理，推进农村集体建设用地节约集约利用。①强化农村村庄建设管理；②全面开展农村集体建设用地专项整治工作；③依法盘活利用农村集体建设用地。第五，加强监督检查，努力推进节约集约用地工作的开展。①完善土地市场动态监测制度；②加快建立节约集约用地考核制度；③加强对节约集约用地工作的监管。

6. 严格土地集约利用相关标准

为进一步加强土地宏观调控工作，严格土地管理，促进建设用地的节约集约利用，保障我省经济社会又好又快发展，省政府责成有关部门制定了《陕西省建设用地指标》(2007年版)(以下简称《建设用地指标》)，主要内容包括：第一，充分认识贯彻实施《建设用地指标》的重要意义。第二，贯彻执行《建设用地指标》应把握的几个问题：①从严从紧，严格执行用地指标。凡是涉及建设用地控制面积的，必须严格执行《建设用地指标》，所有行业用地不得突破规定的建设用地指标最高限，鼓励使用新技术、新方法节约集约用地。对《产业结构调整指导目录》(2005年本)(国家发改委令第40号)及《限制用地项目目录》(2006年本)(国土资发〔2006〕296号)规定的限制类项目，在执行本规定行业用地定额指标的基础上，要进一步核减，核减幅度一般为8%～15%。②有保有压，努力服务经济发展。因经济发展需要，在交通、新能源开发、高新技术、清洁生产、新材料、煤化工、环保等大型产业方面，确实必须突破《建设用地指标》规定用地规模的，由省国土资源厅根据有关规定，组织有关部门和专家结合项目实际进行充分论证，确属合理的，报省政府同意后，方可批准供地，并将项目用地的批准文件、土地使用合同等相关法律文书报省国土资源厅备案。受地形、地貌、区位、用地结构协调度、产业集聚规模及地方相关规划等因素的影响，有关建设用地项目定额指标可根据实际情况作一些微调，调整幅度一般不得超过5%。③适时更新，满足发展需求。省国土资源厅要根据国家新出台的有关政策规定，结合我省实际，适时对现有的《建设用地指标》进行补充、修订和完善，在坚持节约集约用地原则的基础上，始终保持建设用地指标与我省经济发展对土地的合理需求相适应。第三，加强监督检查。为确保《建设用地指标》的有效实施，省国土资源厅等相关部门要不定期深入各地监督检查，及时纠正与《建设用地指标》不一致的建设标准和设计方案，对不严格执行该用地指标的单位要通报批评。

7. 推进城市和国有工矿棚户区改造

陕西省财政厅、住建厅、发改委关于印发《陕西省关于加快推进我省保障性住房工作的意见》的通知(陕财办〔2009〕112号)提出，“推进城市和国有工矿棚户区改造”,要求从2010年至2015年,用5年时间基本完成集中成片城市和国有工矿棚户区改造,有条件的地区争取3年完成,解决群众特别是低收入家庭的住房困难。主要改造5 000平方米以上,且集中成片不具备商业开发价值的棚户区(城中村改造除外,国有林区、垦区和中央下划地方煤矿棚户区,仍按国家原有政策实施)。城市和国有工矿棚户区改造要坚持政府主导、市场运作的原则,采取财政补助、政策扶持、银行贷款、群众自筹、市场开发等办法多渠道筹集资金。省财政将采取以奖代补等方式,对各市、县棚户区改造给予资金支持。各市、县要抓紧编制棚户区改造规划和年度工作计划,因地制宜地制定项目实施方案。要将棚户区改造与廉租住房建设有机结合,将廉租住房建设项目、资金和棚户区改造项目、资金统筹安排,捆绑使用。在完成廉租住房建设任务后,有条件的市、县可开展城市和国有工矿棚户区改造,具体办法另行制定。

3.2.2 西安市土地集约利用主要政策

1.加强城市房屋拆迁及其估价管理

2004年5月10日,为加强城市房屋拆迁管理,维护拆迁当事人的合法权益,保障城市建设顺利进行,根据《西安市城市房屋拆迁管理办法》以及有关法律、法规,西安市人民政府制定了《西安市城市房屋拆迁管理实施细则》(市政发〔2004〕22号),其中规定了西安市拆迁管理、拆迁补偿与安置、法律责任等方面的内容。

为了规范城市房屋拆迁估价行为,维护拆迁当事人的合法权益,保障拆迁工作的顺利进行,根据国家《城市房屋拆迁评估指导意见》和《西安市城市房屋拆迁管理实施细则》等有关规定,西安市人民政府发布了《关于印发＜西安市城市房屋拆迁估价暂行规定＞的通知》(市政发〔2004〕62号),其中规定了西安市城市房屋拆迁的估价管理、估价方法和标准等方面的内容。

2.加强对闲置土地的处理,加快土地集约利用

2005年初,西安市国土资源局对西安市区和建制镇的国有存量建设用地进行了一次拉网式检查,加快了对闲置土地的处理步伐。随后,西安市委、市政府召开会议,专门听取市国土资源局处理闲置土地工作情况汇报,并作出相关规定:要求加大依法处置力度,认真处置闲置土地;加大督促检查力度,强力推进清查处置工作;加大用地管理力度,严防新的闲置土地出现;加大清查力度,全面开展土地证年检工作;加大组织协调力度,合力推进闲置土地处置工作;严格处置闲置土地工作纪律。各级领导干部一律不得干预闲置土地处理工作。对阻挠、干扰闲置土地处理工作正常进行的,坚决追究责任,构成犯罪的,依法追究刑事责任。由于市委、市政府态度坚决,西安市国土资源局措施得力,29宗(1 380亩)闲置用地被依法收

回，用于安排新的建设项目。

西安市国土资源局先后制定了6项相关的措施。第一，出台激励"零增地技改"和"零增地招商"措施，即鼓励技改项目和招商项目充分利用好现有厂房、土地，挖掘其潜力，提高容积率。第二，实行市场准入标准制度，即运用经济杠杆和供地政策，引导工业向开发区集中、人口向城镇集中、住宅向社区集中，从严控制开发区（园区）以外的项目供地，最大限度地发挥土地的集聚效应。第三，推行多层标准厂房，除项目有特殊要求外，不得再建造单层厂房，引导工业企业通过整合挖潜，翻建多层厂房，增加容积率。第四，严格用地预审，即在项目立项之前，先行审查，决定是否同意立项。凡不符合土地利用总体规划、不符合国家产业政策、没有农用地转用计划指标、没有足够的资金履行法定义务的建设项目，一律不予通过建设项目的用地预审。第五，加强建设用地批后监管。对供应出去的土地开发利用情况进行监督，健全用地供应和地价态势定期分析报告制度，完善监督机制。第六，推进土地资源市场化配置。加强政府对土地一级市场的控制，发挥土地宏观调控作用，运用经济、行政、法律等各种手段，不断增大土地储备量。把土地储备与城市规划、城市发展相结合，与企业的退二进三、改制相结合，确保规划、土地储备、产业聚集一体化发展。凡是属于经营性用地，一律采取招标、拍卖、挂牌出让方式供地，并积极探索工业用地招标、拍卖、挂牌竞争出让方式。通过固定面向全社会公开供地信息、地价和交易价格的场所，启用400平方米土地交易大厅，设立西安土地交易晴雨表；通过完善信息化建设，实现了全市国土资源信息共享[1]。

3.加快城中村改造，提高土地集约利用

2002年以来，西安市加快"城中村"改造的步伐，土地集约利用水平显著提高。2002年对首批确定的14个城中村进行试点改造，2003年城区城中村改造工作全面展开，共有187个城中村开展改造工作。为推动城中村改造顺利开展，西安市相继出台了一系列的政策措施，其中2003年出台的《西安市城中村改造建设管理暂行办法》经过2006年和2007年两次修订完善，成为指导西安市城中村改造的主要纲领性文件。

（1）2003年西安市城中村改造政策。

2003年，西安市出台了《西安市城中村改造建设管理暂行办法》（以下简称《暂行办法》），确定了城中村改造实施主体为以下几类：一是村民，村民委员会；二是由村委会组建并授权的具有合法资格的建设发展公司；三是有实力、有资质的开发建设企业。《暂行办法》制定了相关配套政策，主要包括：一是城中村改造提倡、鼓励易地置换。对于易地置换的，应整村迁移，由城中村所在地区人民政府按照城市整体规划另行征用划拨土地，土地指标原则上按每人65平方米计。二是城中村就地安置的，集体土地应依法转为国有土地；村民住宅用地外的其余土地可以进行招商引资、有偿开发，开发所得用于城中村的改造和发展。三是属于安置村民的新建住宅，所有城建费用一律免收。四是安置村民居住用地外仍有较大面积剩余土地的，按照比例留村发展经济。五是对于拆迁房屋等腾迁出的土地和其他非农业性生产用地，允许进入市场交换或进行适度开发。六是城中村改造实行"自筹资金、自我改造、自我安置"的拆迁安置方针，由城中村根据自身实际制定拆迁安置方案，经村民大会同意后报所在区领导小组审定。拆迁安置工作由城中村所在区人民政府具体组织有关部门及村委会实施。七是城中村改造的建设活动一律由该村所属的城中村改造建设发展有限公司承担。所在区人民政府、街道办事处及村委会负责城中村范围内一切建设活动的管理工作，有权依法制止村内任何形式的乱搭乱建；对乱搭乱建的，由所在区人民政府组织依法拆除。

(2)2006 年西安市城中村改造政策。

2006 年 11 月，西安市进一步修订完善了 2003 年的《西安市城中村改造建设管理暂行办法》，出台了《西安市城中村改造管理办法》，并明确了改造过程，主要包括：城中村改造应当坚持户籍制度、管理体制、经济组织形式和土地性质同步转变的原则。一是农民户口依法转为城镇居民户口；二是城中村集体土地依照法定程序转为国有土地；三是新经济组织组建后，依法撤销村民委员会，设立社区居民委员会，原村庄组建社区。

(3)2007 年西安市城中村改造政策。

2007 年，为了加快城中村改造进度，西安市进一步细化、修订完善了 2006 年《西安市城中村改造管理办法》，出台了新的《西安市城中村改造管理办法》。规定城中村改造应坚持政府主导、市场运作、利民益民、科学规划、综合改造的原则，依法保护农村集体经济组织成员的合法权益，积极稳妥地推进。

新的《西安市城中村改造管理办法》制定了一系列保障村民生活的政策，主要包括：第一，城中村村民转为城市居民后，统一纳入城市就业管理范围。因城中村改造而增加的就业岗位，应当优先用于安排原村民。第二，城中村改制后，原村民应当依法参加社会保险。社会保险费由政府、改制后的新经济组织和原村民个人按照比例承担，具体办法由西安市劳动和社会保障部门制定。第三，城中村改制后，符合享受城市居民最低生活保障条件的原村民，享受最低生活保障待遇。第四，城中村改制后，其原有的基础设施纳入市政统一管理范围，环境卫生由区环卫部门按照城区环卫管理方式和标准管理。

同时，新的《西安市城中村改造管理办法》还制定了一系列拆迁安置政策，保障被迁拆人利益，确保被拆迁人及时回迁入住。主要包括：第一，实施城中村改造，应当按照旧村整体拆除，优先建设安置住宅的原则进行，确保被拆迁人及早入住。第二，旧村拆除应当在所在区城中村改造办公室组织、监督下实施。旧村未拆除的，其他建设项目不得开工建设。第三，城中村改造主体应当制定补偿安置方案，进行拆迁安置。第四，被拆迁人需要自行过渡的，城中村改造主体应当参照《西安市城市房屋拆迁管理实施细则》补偿标准，给被拆迁人发放搬家补助费和过渡补助费。第五，补偿安置资金应当全部用于房屋拆迁的补偿安置，不得挪作他用。第六，城中村改造主体在动迁前应当委托具有房地产估价资质的机构对被拆迁房屋进行估价，估价参照《西安市城市房屋拆迁估价暂行规定》执行。第七，城中村改造拆迁补偿安置以房屋产权登记载明的面积和性质作为补偿安置依据。第八，城中村房屋拆迁实行产权调换和货币补偿两种补偿安置方式。被拆迁人可以自主选择安置补偿方式。实行货币补偿的，综合考虑被拆迁房屋的区位、使用性质、产权建筑面积、房屋结构等因素，通过市场评估确定房屋补偿数额。实行房屋产权调换的，以转户前城中村在册户籍人口为依据，按照人均建筑安置面积原则上不少于65平方米的标准，并结合原房屋产权建筑面积进行安置。第九，城中村改造主体应当在领取房屋拆迁许可证后与被拆迁人签订拆迁补偿安置协议。

4.规范经济适用住房管理

为规范经济适用住房建设、交易和管理行为，保障中低收入家庭住房，保护当事人的合法权益，2006年9月28日，西安市人民政府出台了《西安市经济适用住房管理办法》(市政发〔2006〕93号)，从优惠政策、开发建设、经济适用住房建设标准、经济适用住房价格、交易和售后管理、监督管理等方面进行了详细的规定。

2007年7月1日起施行的《西安市经济适用住房管理实施细则》，根据(综合考虑)西安市经济社会发展水平、居民住房状况和收入水平等因素，合理确定经济适用住房的政策目标、建设标准、销售价格、供应范围和供应对象等方面内容，并明确组织实施部门。

5.加快西安市棚户区改造步伐

为推动和规范西安市棚户区改造工作，切实维护棚户区群众的切身利益，完善城市功能，促进我市经济和社会协调发展，2008年7月28日，西安市人民政府出台了《西安市棚户区改造管理办法》(市政发〔2008〕77号)，从改造项目管理、拆迁安置、安置用房建设管理、资金管理、监督检查等方面进行了详细的规定。

3.3 土地集约利用相关政策分析

回顾近几年国家及地方土地集约利用的相关政策，主要从完善土地供应政策和标准、盘活存量土地、做好土地利用规划、完善土地市场、调整产业结构等五个方面提高土地集约利用水平。

3.3.1 完善供地政策和标准，提高土地集约利用水平

为了挖掘土地利用潜力，提高土地集约利用水平，实现土地集约利用动态监控，我国制定的一系列政策都对土地供地政策和标准做了明确的规定，主要包括：①完善建设用地定额指标和土地集约利用评价指标体系，从单位土地面积的投资强度、土地利用强度、投入产出率等方面建立标准（建立单位土地面积的投资强度、土地利用强度、投入产出率等标准），进一步细化各业用地标准，严格按标准供地。②提高供地条件，土地使用合同要载明土地用途、容积率等使用条件；国土资发〔2008〕24号文规定，编制工业项目供地文件和签订用地合同时，必须明确约定投资强度、容积率、建筑系数、行政办公及生活服务设施用地所占比重、绿地率等土地利用控制性指标标准及相关违约责任。③统筹安排各类用地。分析集约用地水平提高的长期变化趋势，预测各业、各类用地的合理需求，提出统筹安排存量和增量用地的措施。④扩大土地招拍挂范围。进一步明确土地招拍挂范围，其中商业、旅游、娱乐和商品住宅等各类经营性用地以及有竞争要求的工业用地等六类情形必须纳入招标拍卖挂牌出让国有土地范围；建立国有土地出让的协调决策机构和价格争议裁决机制。

3.3.2 盘活存量土地，推进土地集约利用

随着城市化进程的加快，经济、社会发展对土地的需求不断增加，土地的需求与供给之间的矛盾日渐突出。盘活存量土地是解决土地供需矛盾的有效途径之一。国发〔2004〕28号文规定：实行强化节约和集约用地政策；建设用地要严格控制增量，积极盘活存量，把节约用地放在首位，重点在盘活存量上下功夫。根据国土资源部发布的《2005年中国国土资源公报》显示，2005年全国土地供应来源结构中，56%属于存量用地，44%属于新增用地，反映存量土地是土地供应的主要方式之一。

存量土地是指利用不合理、产出效益低、闲置未利用的土地，即具有开发利用或再开发利用潜力的土地。所谓盘活存量土地，就是要通过合法合理的途径，明晰土地产权，量化土地资产价值，通过规划设计，利用各种方式，使存量土地资源以最佳方式进入土地市场，实现土地价值最大化，达到生产要素与土地资源的优化配置。盘活存量土地首先要对存量土地进行全面调查，查清存量土地的权属、数量、用途和分布等特点；其次要分析土地利用方面存在的问题，制定盘活存量土地的计

划；最后提出鼓励盘活存量建设用地相关措施和建议。

盘活存量土地最有效的方式是挖掘旧城区、棚户区和城中村的土地利用潜力。为了加快旧城改造和城中村改造的步伐，我国各地出台了相应的政策和措施，如黑龙江省、吉林省、辽宁省、西安市等先后制定了棚户区改造政策，郑州市、广州市、深圳市和西安市先后制定了城中村改造政策和措施。下面以西安市为例进行分析。

《西安市棚户区改造管理办法》第十二条规定："实施改造的棚户区范围内零星插建的非棚房及少量集体土地，可以根据改造需要，与棚户区一并改造。棚户区改造项目可与其周边的企业进行土地整合，共同改造。"《西安市城中村改造管理办法》对城中村改造中土地利用做出了具体详细的规定，其中，第二十四条明确规定："城中村改造综合用地应当纳入年度用地计划。城中村改造综合用地应当严格按照市人民政府规定的城中村改造综合用地专项规划指标执行。改造综合用地之外该城中村的其他土地，由政府土地储备机构依法给予补偿后按有关规定储备。"第二十五条明确规定："城中村改造综合用地以划拨方式供给。除用于安置村民生活及建设公共设施用地外，其余的改造综合用地，可以变更为经营性用地，进行开发建设。"第二十六条明确规定："实施改造城中村范围内的少量国有土地，可以根据城中村改造需要，由政府土地储备机构依法收购或置换，用于城中村改造。"第二十七条明确规定："在市政建设、重大基础设施建设以及其他开发建设中涉及到村庄整体拆迁的，应当按照本办法规定进行整体改造，避免出现新的城中村。"这些具体的政策规定是西安市城中村改造的依据。

近年来，在集体土地流转方面的地方立法和实践越来越丰富和活跃，集体土地使用权依法进行流转是一个不可阻挡的历史潮流，2008 年 10 月，党的十七届三中全会审议通过了《关于推进农村改革发展若干重大问题的决定》（以下简称《决定》）。《决定》明确提出："允许农民以转包、出租、互换、转让、股份合作等方式流转土地承包经营权，发展多种形式的适度规模经营"，"逐步建立城乡统一的建设用地市场，对依法取得的农村集体经营性建设用地，必须通过统一有形的土地市场、以公开规范的方式转让土地使用权，在符合规划的前提下与国有土地享有平等权益。"《决定》出台后，国土资源部立即开展集体土地流转管理办法草拟工作，这是在全国范围内全面推动集体建设用地使用权流转的一个重要标志。自此，对于集体土地使用权流转的传统限制性政策得到突破，城乡土地统一管理、建立"两种产权、一个市场"的法律和政策将会进一步完善，集体建设用地管理、集体建设用地使用权流转的法律政策依据将得到强化，土地管理的法规制度将逐步完善和健全，城中村改造中土地政策的障碍将逐步消除。

3.3.3 做好土地利用规划,引导土地集约利用

土地利用规划是为合理开发利用土地资源,根据国家社会经济发展总目标,协调分配国民经济各部门用地,妥善安排各项建设工程用地而提出的组织土地合理利用的方案。从20世纪80年代起,我国已经进行了两轮土地利用总体规划,这两轮土地利用规划都强调对耕地的保护,但没有对建设用地进行合理科学有效的控制。因此,国办发〔2005〕32号文明确提出建立集约型土地利用规划的要求,要求分析各业、各类用地的集约利用潜力,研究建立建设用地集约利用的规划指标体系,提出盘活存量用地的措施。

土地利用规划与土地集约利用是相辅相成、互相影响、互相制约的关系,其共同目的都是围绕保障经济社会平稳运行和可持续发展的目标,缓解土地供需矛盾,确保新时期经济社会持续稳定发展。土地集约利用受许多不确定因素的影响,其中土地利用规划对土地集约利用起着引导和控制作用,并通过用途管制、控制指标等方式引导和控制土地利用的数量、质量、性质、时间和空间等。土地集约利用对土地利用规划有监测和反馈的作用,根据土地集约利用反馈的信息,及时调整保障土地利用规划实施的措施,提出调控各类用地的目标及政策,从而使土地利用系统向有序、稳定、平衡的持续利用方向发展[2-3]。

3.3.4 完善土地市场,推动土地集约利用

土地市场发育的完善程度决定了土地资源配置和利用效率的高低。土地市场越完善,越有利于实现资源的集约高效配置,越能规范土地交易、体现土地价值,进而提高土地集约利用水平。

2001年以前,我国国有土地配置实行行政划拨和有偿出让两种渠道,并且以行政划拨为主。2001年以后国有土地特别是经营性土地供应,进入了以市场价格为核心的土地资源配置阶段。国务院、国土资源部先后颁布实施了《国务院关于加强国有土地资产管理的通知》(国发〔2001〕15号)、《招标拍卖挂牌出让国有土地使用权的规定》(国发〔2001〕11号)、《协议出让国有土地使用权规定》(国发〔2003〕21号)以及《国土资源部监察部关于继续开展经营型土地使用权招标拍卖挂牌出让情况执法监察工作的通知》(国土资发〔2004〕71号)、《招标拍卖挂牌出让国有土地使用权规范(试行)》(国土资发〔2006〕114号)和《协议出让国有土地使用权规范(试行)》(国土资发〔2006〕114号)、《国务院关于加强土地调控有关问题的通知》(国发〔2006〕31号)等,对国有土地配置政策进行了根本性变革,以推进土地的招拍挂出让,实现土地市场配置。政策的实施取得了一定的成果,土地的有偿出让市场逐步

得到规范和发展，市场交易规则在全国普遍建立，交易范围不断扩大。

国土资源部2009年7月13日发布的《2009年上半年全国土地市场动态监测分析报告》显示，随着各地积极应对全球金融危机和经济增长趋缓的不利影响，2009年，土地供应量逐月回升。上半年，全国土地供应总量为95 372.82公顷，同比增加12.6%，第一季度同比增加16.6%，第二季度同比增加10.6%。从区域结构看，东、中、西部地区土地供应量占全国土地供应总量的比重分别为51.6%，21.3%和27.1%。与2008年同期相比，西部地区提高6.3%，东、中部地区则分别下降1.6%和4.7%。报告还显示，随着中央刺激经济计划的逐步落实和中央投资项目资金的逐步到位，土地供应结构调整速度加快、结构变化明显，工业用地和其他用地增加，房地产开发用地略减。上半年工矿仓储用地38 641.91公顷，同比增加36.1%；房地产开发用地25 532.90公顷，同比减少5.7%；其他用地供应31 198.01公顷，同比增加9.9%。三类用地供应量分别占土地供应总量的40.5%，26.8%和32.7%，与2008年同期相比，工矿仓储用地所占比重提高了7%，房地产开发用地和其他用地所占比重则分别下降6.3%和0.7%。2009年上半年，全国出让和划拨土地供应总量均有提高，土地供应方式结构变化平稳。土地出让总面积67 981.01公顷，同比增加15.2%，占土地供应总量的71.3%，同比提高1.6%。其中，招拍挂出让面积57 358.27公顷，同比增加17.1%，占出让总面积的84.4%，高于2008年同期水平1.4%；划拨供应土地27 074.95公顷，同比增加10.3%，占土地供应总量的28.4%，同比下降0.6%。以租赁和其他有偿方式分别供应土地201.34公顷和115.52公顷，同比分别减少67.4%和78%。出让和招拍挂出让总价款减少，土地出让总价款为3 862.22亿元，同比减少13.0%；其中，招拍挂出让价款为3 499.09亿元，同比减少16.2%。招拍挂出让价款占出让总价款的90.6%，低于2008年同期水平3.5%，我国土地市场化改革已取得一定成效[4]。

3.3.5 调整产业结构，推动土地集约利用

产业结构是国民经济结构的核心与基础，反映一个国家和地区经济增长的基本态势以及经济增长的基本途径，其本质就是社会再生产过程中形成的产业构成、产业间相互联系和比例关系以及由这些联系和关系表现出来的系统性和整体性。产业结构在质上反映产业间生产、交换、消费等方面的相互联系，既包括产品在产业间的互换方式和生产要素在产业间的流动方式，也包括技术进步的方向、效果在产业间的传递方式[5]；在量上反映产业间的比例关系，往往表现为各产业产值在GDP中所占比重的大小[6]。从总供给与总需求相互协调的角度看，产业结构其实是资源转换器，即通过产业间的有效运转，把社会各种资源的总和不断转化为各种

产品和劳务，以满足社会总需求。产业结构调整实际上就是完善和提高资源转化器运转效率和质量的活动。

产业结构调整，即产业结构优化，是指各产业协调发展，产业总体发展水平不断提高的过程。具体来说，就是产业之间的经济技术联系包括数量比例关系由不协调不断走向协调的合理化过程，是产业结构由低层次向高层次不断演进的高度化过程。产业结构调整包括产业结构合理化和产业结构高度化两个方面的内容。合理化是指产业之间的经济技术联系和数量比例关系趋向协调平衡的过程，是各产业按比例协调发展规律的要求，它决定了资源在各种产业之间能否优化配置，不致造成积压和浪费，其实质是指各产业之间存在着较高的聚合质量。高度化是指产业总体发展水平不断提高的过程，即产业结构由低水平状态向高水平状态发展的过程，它决定配置到各产业部门的资源能否有效利用，能否带来更多更好的产出。产业结构之所以需要调整是因为产业存在生命周期问题：产业间聚合质量遵循系统整体大于部分之和的原理[7]。区域经济发展水平及区域间的经济关系很大程度上取决于区域产业结构的合理性、高度化。任何区域经济必须有一个合理的产业结构并实现不断高度化，才能保障区域经济健康快速发展[8]。

产业结构调整，就是对现在不理想的产业结构进行有关变量的调整，以实现产业结构的优化。两种情况下需要对产业结构进行调整：一是滞后于因收入引起的需求结构变动，二是产业结构本身不合理[9]。产业结构调整的机制主要包括市场调整机制和政府调整机制两大类型。市场机制调整产业结构在很大程度上是一种经济系统的自我调节过程，即经济主体在市场信号的引导下，通过生产资源的重组和其在部门间的流动，使产业结构尽可能适应需求结构变动的过程。在这一调节过程中，产业结构变动的信号机制是市场价格，决策机制是无数经济主体的分散决策，动力机制是经济主体对增加利润或避免损失的追求，实现机制是资源的横向转移。政府机制调整产业结构在很大程度上是一种对经济系统的调控过程，即政府机关向经济系统输入某种信号（价格或数量），通过资源在产业间流动，使产业结构变动接近理想的过程。在这一过程中，产业结构变动的信号机制是受干预的价格和数量，决策机制以政府为主导，动力机制是政府对经济持续、快速、协调增长的追求，实现机制是资源的横向转移和纵向转移。政府是通过产业政策调整产业结构的[10]。为促进节约集约利用土地和产业结构调整，国土资源部、国家发改委下发了《限制用地项目目录》（2006 年本）和《禁止用地项目目录》（2006 年本）的通知（国土资发〔2006〕296 号），凡采用明令淘汰的落后工艺技术、装备或者生产明令淘汰产品的建设项目，各级国土资源管理部门和投资管理部门一律不得办理相关手续。

参考文献

[1] 西安节约集约用地用硬招. http://xian.800j.cc/ad/dichan2/showinfo.asp?id=123.

[2] 国土资源部:加强规划严格标准 促进节约集约用地. http://www.sina.com.cn.2008-01-10.

[3] 土地利用规划核心:节约集约用地.中国国土资源报.2008-04-08.

[4] 国土部:2009年上半年全国土地市场动态监测分析报告. http://news.dichan.sina.com.cn,2009-07-14.

[5] 孙尚清,等.中国产业结构研究[M].北京:中国社会科学出版社.1988:89-246.

[6] 洪银兴.产业结构的平衡态和高度化[J].上海经济研究.1988(02):7-12.

[7] 白春梅.城市化与产业结构调整的响应与反馈机制[D].河海大学.2005:10.

[8] 张颖.经济增长中土地利用结构研究[D].南京农业大学.2005:34.

[9] 吴仁洪.经济发展与产业结构转变[J].经济研究.1987(10):31-38.

[10] 顾湘.区域产业结构调整与土地集约利用研究[D].南京农业大学博士论文.2007:27-29.

第四章　大兴新区土地利用现状

土地集约利用是一项复杂的系统工程，只有先明确区域现状和规划情况，掌握区域社会、历史、文化背景以及经济发展的状况和未来发展的方向，找准区域建设发展中的主要矛盾和问题，才能制定出既科学又切合实际的土地集约利用政策和措施。

4.1　大兴新区现状

4.1.1　地理位置

大兴新区地处北纬 33°39′～34°45′，东经 107°40′～109°49′，位于西安市城区西北隅，南起大庆路，北靠汉长安城遗址，东临朱宏路、纬二十六街、龙首北路西段、未央路、红庙坡路、星火路、环城西路北段，西至西二环。该区域紧邻护城河，距离钟楼 2 公里，处于西二环与北二环的黄金夹角带，是西安咸阳国际机场专用高速公路进入古城的必经门户。区域总面积 1 400 公顷，主要位于莲湖区，在莲湖辖区面积约 1 000 公顷。具体区位如图 4.1 所示。

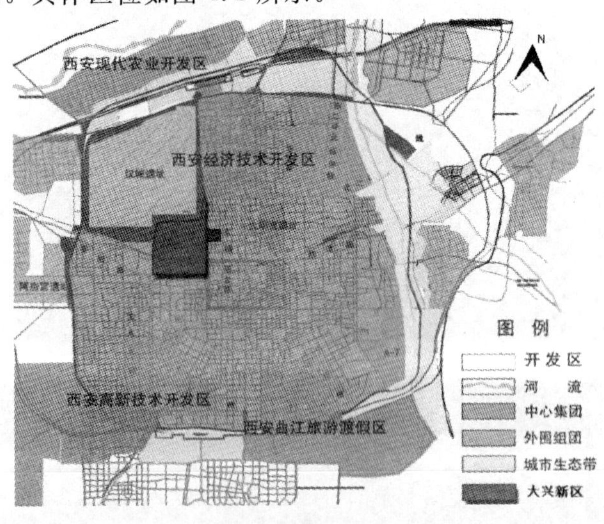

图 4.1　大兴新区区位示意图

4.1.2 历史沿革

大兴新区历史上位于汉长安城遗址复盎门以南，唐长安城遗址西北侧，具体如图 4.2 所示。该地区历史悠久，文化底蕴丰富，其历史文化脉络可追溯到汉朝和唐朝，是大汉、盛唐时期皇室的重要休闲、娱乐场所。

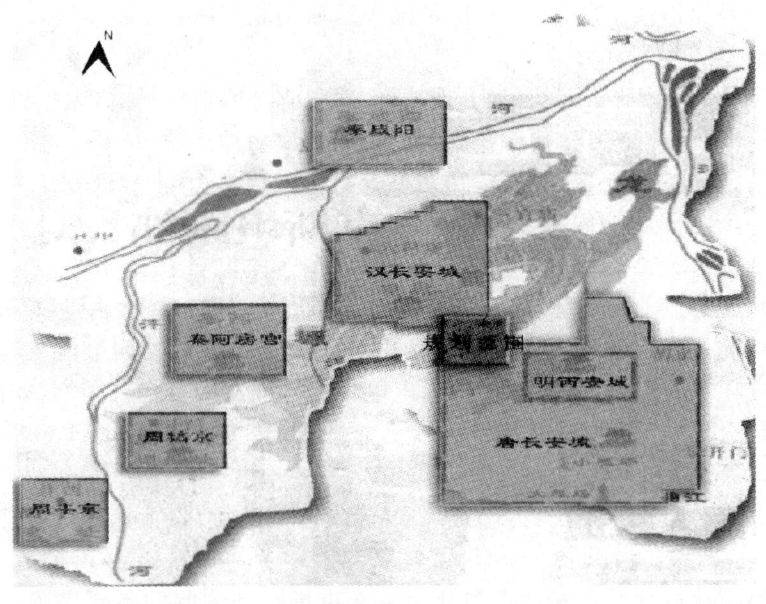

图 4.2 大兴新区的历史区位示意图

20 世纪五六十年代以来，大兴新区成为西安市的物流仓储区，共有铁路专运线 39 条，总长 22 公里，年均物资吞吐量为 800～1 000 万吨，为全市乃至全省的物资流通发挥了重要作用，做出了历史性贡献。但随着社会的发展和技术的进步，大兴新区昔日的辉煌已成为过去，辖区内基础设施不完善，工业企业落后，在一定程度上阻碍了新区的发展。

4.1.3 产业发展状况

自 20 世纪五六十年代以来，为保障社会主义经济建设对商品物资的需求，该区域依托西安火车西站形成了传统的物流仓储区。改造前，大兴新区建设用地结构为：公共建筑用地比例为 0.86%，住宅用地比例为 18.18%，工矿仓储用地为 37.19%，交通运输用地为 17.87%，公用设施用地为 0.95%，特殊用地为 1.18%。

1. 物资仓储运输产业

目前该区域物资仓储企业共有 45 家，占地面积约 163.01 公顷（2 445.124 亩），占区域国有土地面积的 13.58%。物资仓储企业具有占地广、产出低的特点，主要分布在陇海铁路线以北、纬二十六街以南，占据了辖区大量的国有土地，是综合改造的重点。物资运输企业共有 12 家，占地约 79.81 公顷（1197.09 亩），主要分布在陇海铁路沿线。此外，还有少量汽车运输企业用地。

2. 房地产业

该区域是二环内唯一一块集中、连片、大面积综合改造区域，成为投资者的青睐之地。近年来，区域内的房地产业发展活跃，已开发房地产项目 40 个，主要有商业、商品房住宅、单位自建小区、经济适用房和安置小区等类型，占地面积约101.15公顷（1 517.32 亩），占该区域国有土地的 8.43%，总建筑面积约 300 万平方米。

3. 工业加工企业

该区域现有工业加工企业 58 家，主要分布在大庆路沿线，占地 175.88 公顷（2 638.161 亩），占区域国有土地面积的 14.66%。其中，西安西电电工材料公司、西安西电变压器有限责任公司、西安西电电力电容器有限责任公司、西安西电光电缆有限责任公司以及西仪集团等大型工业企业占地 112.202 公顷（1 683.04 亩）。

4. 军工产业

辖区共有 7 家军工单位，占用土地面积 19.302 公顷（289.53 亩），占国有土地的 3.58%。

随着城市化进程的不断推进和社会主义市场经济体制的不断完善，大兴新区的原有功能定位已不能适应西安国际化大都市的发展方向，尤其是土地资源利用效率较低、闲置浪费等现象普遍存在，不符合城市中心区“退二进三”的总体要求。因此，对大兴新区实施综合改造迫在眉睫。

4.1.4 土地利用现状

根据《土地利用现状分类（GB/T21010－2007）》（2007 年 8 月 10 日发布实施），土地利用现状分类采用一级、二级两个层次的分类体系，共分 12 个一级类、57 个二级类。其中一级类包括：耕地、园地、林地、草地、商服用地、工矿仓储用地、住宅用地、公共管理与公共服务用地、特殊用地、交通运输用地、水域及水利设施用地和其他土地。土地利用现状分类见表 4.1。西安市大兴新区在莲湖区内土地利用结构及其数量见表 4.2。

表 4.1　土地利用现状分类表(GB/T21010 — 2007)

一级类		二级类		含　义	三大类
类别编码	类别名称	类别编码	类别名称		
01	耕地			指种植农作物的土地,包括熟地、新开发、复垦、整理地,休闲地(轮歇地、轮作地);以种植农作物(含蔬菜)为主,间有零星果树、桑树或其他树木的土地;平均每年能保证收获一季的已垦滩地和海涂。耕地中还包括南方宽度＜1.0 米、北方宽度＜2.0 米固定的沟、渠、路和地坎(埂);临时种植药材、草皮、花卉、苗木等的耕地,以及其他临时改变用途的耕地	农用地
		011	水田	指用于种植水稻、莲藕等水生农作物的耕地,包括实行水生、旱生农作物轮种的耕地	
		012	水浇地	指有水源保证和灌溉设施,在一般年景能正常灌溉,种植旱生农作物的耕地,包括种植蔬菜等的非工厂化的大棚用地	
		013	旱地	指无灌溉设施,主要靠天然降水种植旱生家作物的耕地,包括没有灌溉设施,仅靠引洪淤灌的耕地	
02	园地			指种植以采集果、叶、根、茎、枝、汁等为主的集约经营的多年生木本和草本作物,覆盖度大于 50%或每亩株数大于合理株数 70%的土地,包括用于育苗的土地	
		021	果园	指种植果树的园地	
		022	茶园	指种植茶树的园地	
		023	其他园地	指种植桑树、橡胶、可可、咖啡、油棕、胡椒、药材等其他多年生作物的园地	
03	林地			指生长乔木、竹类、灌木的土地,及沿海生长红树林的土地,包括迹地,不包括居民点内部的绿化林木用地,以及铁路、公路、征地范围内的林木,以及河流、沟渠的护堤林	
		031	有林地	指树木郁闭度≥0.2 的乔木林地,包括红树林地和竹林地	
		032	灌木林地	指灌木覆盖度≥40%的林地	
		033	其他林地	包括疏林地(指树木郁闭度≥0.1 并＜0.2 的林地)、未成林地、迹地、苗圃等林地	
04	草地			指以生长草本植物为主的土地	
		041	天然牧草地	指以天然草本植物为主,用于放牧或割草的草地	
		042	人工牧草地	指人工种牧草的草地	
		043	其他草地	指树林郁闭度＜0.1,表层为土质,生长草本植物为主,不用于畜牧业的草地	未利用地

续表

一级类		二级类		含义	三大类
类别编码	类别名称	类别编码	类别名称		
05	商服用地			指主要用于商业、服务业的土地	建设用地
		051	批发零售用地	指主要用于商品批发、零售的用地，包括商场、商店、超市、各类批发（零售）市场，加油站等及其附属的小型仓库、车间、工场等的用地	
		052	住宿餐饮用地	指主要用于提供住宿、餐饮服务的用地，包括宾馆、酒店、饭店、旅馆、招待所、度假村、餐厅、酒吧等	
		053	商务金融用地	指企业、服务业等办公用地，以及经营性的办公场所用地，包括写字楼、商业性办公场所、金融活动场所和企业厂区外独立的办公场所等用地	
		054	其他商服用地	指上述用地以外的其他商业、服务业用地，包括洗车场、洗染店、废旧物资回收站、维修网点、照相馆、理发美容店、洗浴场所等用地	
06	工矿仓储用地			指主要用于工业生产、物资存放场所的土地	
		061	工业用地	指工业生产及直接为工业生产服务的附属设施用地	
		062	采矿用地	指采矿、采石、采砂（沙）场，盐田，砖瓦窑等地面生产用地及尾矿堆放地	
		063	仓储用地	指用于物资储备、中转的场所用地	
07	住宅用地			指主要用于人们生活居住的房基地及其附属设施的土地	
		071	城镇住宅用地	指城镇用于居住的各类房屋用地及其附属设施用地，包括普通住宅、公寓、别墅等用地	
		072	农村宅基地	指农村用于生活居住的宅基地	
08	公共管理与公共服务用地			指用于机关团体、新闻出版、科教文卫、风景名胜、公共设施等的土地	
		081	机关团体用地	指用于党政机关、社会团体、群众自治组织等的用地	
		082	新闻出版用地	指用于广播电台、电视台、电影厂、报社、杂志社、通讯社、出版社等的用地	
		083	科教用地	指用于各类教育，独立的科研、勘测、设计、技术推广、科普等的用地	
		084	医卫慈善用地	指用于医疗保健、卫生防疫、急救康复、医检药检、福利救助等的用地	
		085	文体娱乐用地	指用于各类文化、体育、娱乐及公共广场等的用地	

续表

一级类		二级类		含义	三大类
类别编码	类别名称	类别编码	类别名称		
08	公共管理与公共服务用地	086	公共设施用地	指用于城乡基础设施的用地，包括给排水、供电、供热、供气、邮政、电信、消防、环卫、公用设施维修等用地	建设用地
		087	公园与绿地	指城镇、村庄内部的公园、动物园、植物园、街心花园和用于休憩及美化环境的绿化用地	
		088	风景名胜设施用地	指风景名胜（包括名胜古迹、旅游景点、革命遗址等）景点及管理机构的建筑用地。景区内的其他用地按现状归入相应地类	
09	特殊用地			指用于军事设施、涉外、宗教、监教、殡葬等的土地	
		091	军事设施用地	指直接用于军事目的的设施用地	
		092	使领馆用地	指用于外国政府及国际组织驻华使领馆、办事处等的用地	
		093	监教场所用地	指用于监狱、看守所、劳改场、劳教所、戒毒所等的建筑用地	
		094	宗教用地	指专门用于宗教活动的庙宇、寺院、道观、教堂等宗教自用地	
		095	殡葬用地	指陵园、墓地、殡葬场所用地	
10	交通运输用地			指用于运输通行的地面线路、场站等的土地，包括民用机场、港口、码头、地面运输管道和各种道路用地	
		101	铁路用地	指用于铁道线路、轻轨、场站的用地，包括设计内的路堤、路堑、道沟、桥梁、林木等用地	
		102	公路用地	指用于国道、省道、县道和乡道的用地，包括设计内的路堤、路堑、道沟、桥梁、汽车停靠站、林木及直接为其服务的附属用地	
		103	街巷用地	指用于城镇、村庄内部公用道路（含立交桥）及行道树的用地，包括公共停车场，汽车客货运输站点及停车场等用地	
		104	农村道路	指公路用地以外的南方宽度≥1.0m、北方宽度≥2.0m的村间、田间道路（含机耕道）	
		105	机场用地	指用于民用机场的用地	
		106	港口码头用地	指用于人工修建的客运、货运、捕捞及工作船舶停靠的场所及其附属建筑物的用地，不包括常水位以下部分	
		107	管道运输用地	指用于运输煤炭、石油、天然气等管道及其相应附属设施的地上部分用地	农用地

续表

一级类		二级类		含义	三大类
类别编码	类别名称	类别编码	类别名称		
11	水域及水利设施用地			指陆地水域,海涂,沟渠、水工建筑物等用地,不包括滞洪区和已垦滩涂中的耕地、园地、林地、居民点、道路等用地	
		111	河流水面	指天然形成或人工开挖河流常水位岸线之间的水面,不包括被堤坝拦截后形成的水库水面	未利用地
		112	湖泊水面	指天然形成的积水区常水位岸线所围成的水面	
		113	水库水面	指人工拦截汇积而成的总库容≥10 万 m^3 的水库正常蓄水位岸线所围成的水面	建设用地
		114	坑塘水面	指人工开挖或天然形成的蓄水量<10 万 m^3 的坑塘常水位岸线所围成的水面	农用地
		115	沿海滩涂	指沿海大潮高潮位与低潮位之间的潮侵地带,包括海岛的沿海滩涂,不包括已利用的滩涂	建设用地
		116	内陆滩涂	指河流、湖泊常水位至洪水位间的滩地;时令湖、河洪水位以下的滩地;水库、坑塘的正常蓄水位与洪水位间的滩地,包括海岛的内陆滩地,不包括已利用的滩地	
		117	沟渠	指人工修建,南方宽度≥1.0m、北方宽度≥2.0m 用于引、排、灌的渠道,包括渠槽、渠堤、取土坑、护堤林	农用地
		118	水工建筑用地	指人工修建的闸、坝、堤路林、水电厂房、扬水站等常水位岸线以上的建筑物用地	建设用地
		119	冰川及永久积雪	指表层被冰雪常年覆盖的土地	未利用地
12	其他土地			指上述地类以外的其他类型的土地	
		121	空闲地	指城镇、村庄、工矿内部尚未利用的土地	建设用地
		122	设施农业用地	指直接用于经营性养殖的畜禽舍、工厂化作物栽培或水产养殖的生产设施用地及其相应附属用地,农村宅基地以外的晾晒场等农业设施用地	农用地
		123	田坎	主要指耕地中南方宽度≥1.0m、北方宽度≥2.0m 的地坎	
		124	盐碱地	指表层盐碱聚集,生长天然耐盐植物的土地	未利用地
		125	沼泽地	指经常积水或渍水,一般生长沼生、湿生植物的土地	
		126	沙地	指表层为沙覆盖、基本无植被的土地,不包括滩涂中的沙漠	
		127	裸地	指表层为土质,基本无植被覆盖的土地;或表层为岩石、石砾,其覆盖面积≥70%的土地	

表 4.2 大兴新区(莲湖区范围内)2008 年土地利用结构

土地类型	耕地	商服用地	工矿仓储用地	住宅用地	公共管理与公共服务用地	交通运输用地	特殊用地	水域及水利设施用地	其他用地	合计
面积/公顷	16.99	32.87	357.2	245.24	23.29	230.27	19.3	1.78	3.06	930.00
比例/(%)	1.83	3.53	38.41	26.37	2.50	24.76	2.08	0.19	0.33	100.00

从表 4.2 可以看出，该地区居住用地比例占 26.37%，说明该地区居住用地的比重偏低；工业仓储用地比例为 38.41%，远远高于住宅用地和商业服务业用地比例，在区域用地结构中占主导地位；机关团体、科教、医卫慈善、文体娱乐、公共设施、公园与绿地等公共管理与公共服务用地占 2.50%，表明该地区的体育、医疗、教育及科研等基础设施配套较为落后，城市环境状况较差；铁路、公路、街巷地和农村等交通运输用地占 24.76%，仅次于工矿仓储用地和住宅用地。这与辖区的 39 条铁路专用线有关。辖区运输线已不能适应地区的发展，出现了大量的闲置停用现象；军事设施等特殊用地占 2.08%，沟渠等水域及水利设施用地占 0.19%，空闲地等其他用地占 0.33%，说明该地区土地开发潜力较大。

大兴新区在土地利用空间分布上，也存在着诸多问题，主要表现在以下几个方面：区内工矿仓储企业主要分布在大兴东路、陇海铁路西站货场附近，占据了大片区位条件相对较好的城市建设用地；商业服务业用地主要集中在居住区内部的城市支路上，规模等级比较低，没有成规模的大型销售服务网点，部分地区商业配套服务不健全；公用设施用地分布不均衡，区域内公共绿地匮乏，没有形成完整、均匀的绿化网络；文化娱乐、体育用地极为短缺，只有很小的散点分布，很难发挥公共服务功能；居住用地等级偏低且分布不均衡，大部分为三类居住用地，主要集中在北二环和丰禾路一带，主要是针对工业仓储企业而配套建设的居住用房，社区配套落后，房屋年代久远，户型结构落后，多为砖混的低层和多层建筑；交通运输用地分布不合理，丰禾路以南的城市路网格局十分欠缺，铁路交通运输用地占地较多。

4.2 大兴新区土地利用现状对区域经济发展的影响

为了直接反映区域土地利用现状对区域经济发展水平的影响，本书提出以地均 GDP 来反映区域土地利用效率，并对大兴新区、西安高新技术产业开发区和西安经济技术开发区的地均 GDP 进行了对比研究。大兴新区、西安高新技术产业开发区、西安经济技术开发区 2008 年的占地面积、GDP、地均 GDP 见表 4.3。

表 4.3　2008 年西安市两个开发区与大兴新区占地面积及 GDP 统计表

区域名称	占地面积/km^2	GDP/亿元	地均 GDP/(亿元·km^{-2})
大兴新区	12.0	31	3.1
西安高新技术产业开发区	35.3	650	18.4
西安经济技术开发区	23.5	280	11.9

通过表 4.3 可以计算得出大兴新区、西安高新技术产业开发区、西安经济技术开发区 2008 年的地均 GDP 分别为 3.1 亿元/km^2、18.4 亿元/km^2、11.9 亿元/km^2，西安高新技术产业开发区地均 GDP 最高，大兴新区地均 GDP 最低。这说明，大兴新区的土地产出效率低，区域土地利用系统的综合经济效能不强，没有充分发挥出区域土地利用潜力。

4.2.1　区域土地利用现状对区域经济总量的影响

1. 区域土地利用现状对产业用地平均产出效益的影响

单位产业用地产出可以反映国民经济中各产业对区域经济增长的贡献能力。本书利用大兴新区的土地利用现状资料及经济发展资料测算区域部分产业单位用地产出。截至 2008 年末，大兴新区工矿仓储用地约为 400.5 公顷，工业增加值为 12.3 亿元，单位工业用地产出为 307.15 万元/公顷；商业、服务业用地为 46.4 公顷，商业服务业增加值为 7.5 亿元，单位商服用地产出为 1 616.4 万元/公顷。可见，商业服务业用地产出效益明显高于工业用地产出效益的 5.26 倍。大兴新区目前工矿仓储用地比例达 33.4%，直接影响区域产业用地的平均产出效益，严重制约了区域经济的总量。

为了进一步说明产业用地比例对区域经济总量的影响，本书以优化调整后的产业用地结构为基准，利用多元线性回归模型对大兴新区未来的经济发展进行预测。

大兴新区 2000—2008 年的主要用地类型数量与 GDP 见表 4.4。

表 4.4 大兴新区 2000—2008 年主要用地类型比例及 GDP 统计表

年份	居住用地比例 X_1	工矿仓储用地比例 X_2	商业服务业用地比例 X_3	GDP/亿元 Y
2000	17.1	44.7	3.1	6.0
2001	17.1	44.2	3.2	6.7
2002	17.2	43.6	3.4	7.8
2003	17.5	42.5	3.6	8.5
2004	17.7	39.9	3.7	9.8
2005	18.0	38.3	4.1	13.9
2006	18.2	37.2	4.4	21.2
2007	19.3	36.5	4.8	26.0
2008	20.1	33.4	5.1	31.0

应用 Excel“数据分析”功能求出多元线性回归的有关参数，确定多元线性回归方程为

$$Y = -100.01 + 1.23X_1 + 0.83X_2 + 14.96X_3 \tag{4.1}$$

将大兴新区未来规划用地指标代入式(4.1)中，得到

$Y = -100.01 + 1.23 \times 46.44 + 0.83 \times 0.83 + 14.96 \times 8.68 = 87.65$ 亿元

预测结果表明，若按照规划调整区域的产业用地结构，区域 GDP 将会大幅度增加，是现在区域 GDP 的 3 倍，说明土地利用结构是区域经济发展的重要影响因素。

2. 区域土地利用现状对产业容量的影响

区域土地使用强度决定了区域土地资源的相对数量。在合理的范围内，提高区域土地使用强度，增加区域土地资源的相对供应量，是缓解土地供需矛盾、解决区域发展瓶颈问题、带动区域经济增长的主要途径之一。例如，在同一块土地上开发五层的商业写字楼和十层的商业写字楼所产生的经济效益明显不同。在区域土地面积一定的前提下，较低的土地使用强度限制区域产业的扩容增量，影响了区域经济的增长。

目前，大兴新区土地利用水平较低，综合容积率只有 1.02，而西安高新技术产业开发区和西安经济技术开发区的综合容积率分别为 1.68 和 1.47。这说明大兴新区的单位土地所承载的建筑面积只是西安高新技术产业开发区的60.71%和西

安经济技术开发区的72.86%，区域吸纳产业的能力明显低于西安高新技术产业开发区和西安经济技术开发区，影响了区域经济总量的快速增长。

3. 区域土地利用现状对房地产价格的影响

大兴新区生态环境质量差，绿地面积少且分布不均匀；基础设施、公用设施不完善，特别是缺少大型公共服务设施，影响区域综合竞争力；城中村数量较多，工业用地与居住用地、仓储用地和居住用地相互混杂。这些因素共同作用导致区域总体人居环境差，从而影响区域的商品房价格。通过调研2006—2008年大兴新区、西安高新技术产业开发区、西安经济技术开发区的商品房平均售价，并进行对比分析，结果表明大兴新区商品房平均售价明显低于西安高新技术产业开发区、西安经济技术开发区的平均售价，处于相对较低的水平，见表4.5。

表4.5　西安市两个开发区与大兴新区近三年商品房平均售价对比表

（单位：元/m²）

区域名称 / 年份	大兴新区	西安高新技术产业开发区	西安经济技术开发区
2006	2 800	3 700	3 100
2007	3 100	4 000	3 500
2008	3 500	4 500	4 200

大兴新区集体土地约占区域总面积的11%。近年来，大兴新区集体建设用地隐性流转时有发生，因集体土地交易价格明显低于国有土地正常交易价格，没能充分体现土地价值。

4. 区域土地利用现状对区域聚集经济的影响

土地利用是决定聚集效应的效果及其演化的重要力量[1]。一个区域的聚集效应的效果及其演变取决于要素在区域中的空间分布与结构变动，即取决于区域土地利用状况与变动。区域土地利用决定了企业内部规模经济、地方化经济和城市化经济等聚集经济效应的深度和广度。聚集经济效应对于区域经济发展的推动作用较为明显。恩格斯曾指出："像伦敦这样的城市……，250万人这样集中在一个地方，使这250万人的力量增加了100倍"[2]。聚集经济最显著的地方也是区域经济增长最快的地方，这已经成为一个普遍规律。

区域土地利用现状对区域吸纳产业的能力具有影响作用，而区域的产业容量是决定区域的聚集经济效应的基础性因素，若产业容量相对不足，将对区域聚集经济效应产生负面影响，从而不利于区域经济的快速增长。

另外，区域生态环境质量差、基础设施和公用设施的相对缺乏削弱了区域的吸引力和比较优势，影响区域吸引投资的能力，导致区域综合竞争力减弱。大兴新区、西安高新技术产业开发区和西安经济技术开发区实际利用外商直接投资充分证明了这一点。2008 年，西安高新技术产业开发区、西安经济技术开发区实际利用外商直接投资数额分别为约 4 亿美元、3 亿美元，而大兴新区实际利用外商直接投资数额不足3 000万美元，明显低于西安高新技术产业开发区和西安经济技术开发区。区域吸引投资的能力必然影响资金、技术、劳动力向区域聚集的速度，进而影响区域聚集经济效应，最终影响区域经济总量的增长。

4.2.2 区域土地利用现状对区域经济结构的影响

土地资源的集约利用为区域经济持续稳定发展提供了物质基础，即区域经济发展以土地为依托，经济结构优化以土地利用结构优化为前提。区域土地利用结构是区域产业结构的基础，土地利用结构的不断调整为产业结构的调整创造了条件，是推动经济发展的动力，没有土地利用结构的优化，经济就不能获得发展和升级[3-4]。

区域土地利用结构是区域经济结构的重要影响因素，区域经济结构是衡量区域经济发展水平的重要指标。2008 年，大兴新区二、三产业增加值在 GDP 中的比重为57.1∶42.9，呈现出二产主导，三产薄弱的态势。其中，第二产业以传统型工业和仓储物流产业为主，发展极为缓慢；第三产业以商品批发、餐饮等传统产业为主，呈现规模小、分布散、利润低、竞争力弱的特点，房地产业、现代服务业、旅游文化业等新兴第三产业发展缓慢，在区域社会生产总值中的份额不足 15%，对区域经济增长的贡献相对较小。另外，经济结构的不合理直接影响了区域吸纳劳动就业的能力，目前，大兴新区 1 400 公顷的土地上吸纳的就业人数不足 8 万人。

因此，大兴新区不合理的土地利用结构导致区域经济存在结构性矛盾，新区产业结构目前还处于二产主导、三产薄弱的状态，产业结构亟需优化。

4.2.3 区域土地利用现状对区域经济增长方式的影响

土地利用方式与经济增长方式密切相关。土地资源的节约利用是实现集约型经济增长的重要内容之一，节约集约利用土地对转变经济增长方式起着重要的促进作用。土地的集约利用是经济增长形式的一种具体表现，即通过增加单位土地资本投入和劳动力投入、优化土地利用结构，提高土地报酬和土地经济效益。严格管理土地，促进土地利用方式从粗放型向集约型转变，对于经济增长方式的转变起着举足轻重的作用[5]。从“投入—产出”的角度分析，土地资源的集约利用可实现单位用地的"投入一产出"效益的最大化，这也是实行集约型经济增长方式的重要目标和要求。严格控制建设用地容积率、工业项目投资强度等土地集约利用刚性指标，是实现集约型经济增长方式的重要保障。若严格控制土地集约利用刚性指标，工业企业必然从科技创新、技术进步和完善管理等方面寻求新的经济增长点，这对实现经济增长方式的转变起着积极的推动作用[6]。

目前，大兴新区在土地利用现状方面呈现出以下特点：①城中村数量较多，在建筑密度、环境质量、城市功能结构及市政基础设施诸多方面，表现出"二元"特征。由于集体土地价格低于国有土地，开发建设相对成本较小。村集体及村民在利益的驱动下，在集体土地上开发工业用地建厂房、建私房供出租甚至搞非法的房地产开发，影响了市政基础设施的统一配置和区域整体功能的有效发挥。②因历史原因，区域用地十分紧张，且规划滞后，导致产业用地布局不合理，不具备区位效益；同时，用地结构不合理，工矿仓储用地比例偏高，商业服务业用地、道路交通及广场用地比例偏低。③大兴新区土地利用强度小，甚至出现土地闲置的情形；土地平均投入强度相对不足，地均固定资产投入仅为 1 344.8 万元/公顷。区域土地利用方式粗放，产出效率低，虽然近年来工业用地生产率、单位建设用地 GDP 产出等指标有所提高，但和西安高新技术产业开发区和西安经济技术开发区相比仍处于相对较低的水平。据测算西安高新技术产业开发区、西安经济技术开发区单位建设用地 GDP 产出分别为大兴新区的 5.6 倍和 3.4 倍。

发展区域聚集经济是转变经济增长方式的重要动因之一。大兴新区土地利用现状不利于区域聚集经济效应的发挥，且新区粗放的土地利用方式是导致新区经济增长方式粗放的动因之一。

4.2.4 区域土地利用现状对区域生态经济的影响

在科学发展观的指导下，生态经济成为新一轮经济发展的主题。区域生态包括自然生态、社会生态和经济生态。生态经济是人类对经济发展与生态环境关系的反思，认为人类社会只是生态系统的一个子系统，一切经济活动和所有生物都对地球生态系统存在着依赖关系，人类社会子系统的存在依赖于生态大系统的平衡和自我调节机制。生态经济强调生态平衡与经济平衡的关系、生态效益与经济效益的关系、生态供给与经济需求的矛盾等，探索经济系统和生态系统持续稳定的发展方式。

土地集约利用有利于区域生态经济的发展。一方面，土地集约利用可以增加土地的相对供给量，减少土地的绝对利用量，减少生态经济成本，降低单位土地产品的资源消耗、环境破坏和生态环境建设成本；另一方面，土地集约利用的内在要求是优化配置并合理布局土地资源，促进经济系统与外部生态环境相协调、形成良性循环。因此，土地集约利用会促进区域生态环境的改善，提高区域生态效益，推动区域生态经济的发展，为区域未来可持续发展创造了环境。相反，土地粗放利用将不利于区域生态经济的发展。

大兴新区生态绿地被大量挤占，面积仅占建设用地总面积的 0.95%，远远低于国家规划最低控制水平。许多类型的用地相互混杂，相互干扰，增加了区域生态经济成本，减弱了区域生态效益，影响了区域生态经济的发展。

4.3 宏观性区域规划对大兴新区综合改造的影响

4.3.1 关中—天水经济区发展规划

2009 年 6 月 25 日，国家新闻办正式颁布了《关中—天水经济区发展规划》。规划提出建成以西安为中心、统筹科技资源的改革示范基地，到 2020 年把西安打造成现代化国际大都市，成为国家重要的科技研发中心、区域性商贸物流中心、区域性金融中心、国际一流旅游目的地以及全国重要的高新技术产业和先进制造业基地。关中—天水经济区包括陕西省西安、铜川、宝鸡、咸阳、渭南、杨凌、商洛（部分区县）和甘肃省天水市所辖行政区域，面积 7.98 万平方公里，直接辐射区域包括陕西省陕南的汉中、安康，陕北的延安、榆林，甘肃省的平凉、庆阳和陇南地区，如图 4.3 所示。从图中可以看出，西安市的城西区域将成为《关中—天水经济区发展规划》实施的最为重要的战略载体，大兴新区位居其中。

4.3.2 西安市第四轮城市总体规划

2008 年 5 月 6 日，《西安市城市总体规划》（2008—2020 年）（西安市第四轮城市总体规划）得到国务院正式批复。按照规划，西安主城区将以唐长安城遗址为中心，以绕城高速公路为基本轮廓，东至灞河，西到绕城高速公路，南至长安（潏河），北到渭河，城市人口控制在 528.4 万人以内，城市建设用地控制在 490 平方公里以内，人均城镇建设用地为 92.73 平方米左右，主城区的布局将凸显“九宫格局，棋盘路网，轴线突出，一城多心”的布局特色，即以发展商贸旅游服务区的二环内区域为核心，东部依托现状发展工业区，东南部结合曲江新城和杜陵保护区发展旅游生态度假区，南部为科研教育区，西南部拓展为高新技术产业区，西部发展为居住和无污染产业的综合新区，西北部发展汉长安城遗址保护区，北部形成装备制造业区，东北部结合浐灞河道整治建设居住、旅游生态区[7]。

两个规划的颁布实施，为西安市大兴新区综合改造带来了难能可贵的历史机遇。《西安市第四轮城市规划》明确了大兴新区综合改造的基本方向，为新区综合改造中的企业搬迁、棚户区、城中村改造等提供了政策性保障；《关中—天水经济区发展规划》明确了西安市在关中—天水经济区中的核心作用，将为大兴新区综合改造提供坚实的政策、资金等保障。

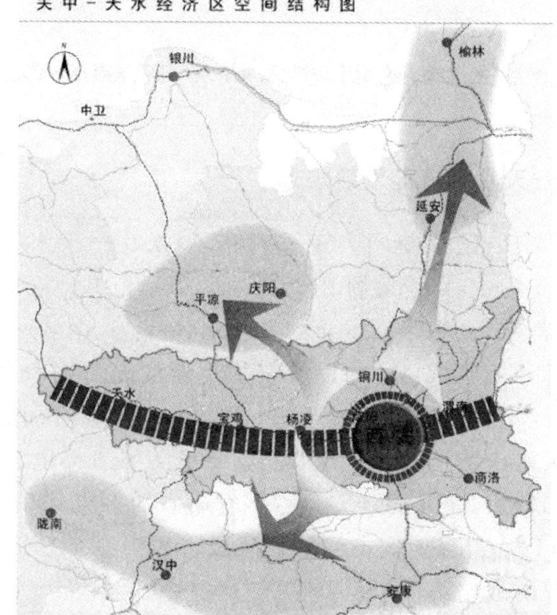

图 4.3　关中—天水经济区空间结构图

4.3.3　莲湖区经济率先发展战略实施纲要

为了认真贯彻党的十七大精神，全面贯彻落实科学发展观，充分发挥莲湖区作为西安中心城区的功能和作用，率先在全市全省范围内建成小康社会，率先基本实现现代化，努力建设经济发达、环境优美、人民富裕、社会和谐的西部强区，为建设人文西安、活力西安、和谐西安作出积极贡献，莲湖区制定了《莲湖区经济率先发展战略实施纲要》。

1. 率先发展的功能定位

作为承担全市主要城市功能的中心城区，莲湖区要以高品位的现代商务功能和高品质的生活居住功能为引领，提升和完善商务商业功能、文化休闲功能、和谐居住功能，努力把莲湖区建设成为西安唐皇城的历史文化展示区和古都旅游服务中心区，特色商贸服务业名区，创意产业发展的先行典范区，最适宜人创业发展和生活居住的环境优美城区。率先全面实现小康，在落实科学发展观，构建和谐社会，建设"人文西安、活力西安、和谐西安"中发挥示范带头作用；率先基本实现现代化，走在全市、全省前列。

2. 率先发展总体战略

实现率先发展，就是要以科学发展观统领经济社会发展全局，按照率先发展的功能定位，充分挖掘整合区内资源，大力引进区外发展要素，全面实施"三、五、七"发展战略。通过在全市、全省范围内率先调整产业结构和优化产业空间布局，逐步提高经济增长的质量和效益，走内涵式、集约化发展道路。

(1)充分利用各种经济形态和手段，走集约化经济发展道路。一是积极发展总部经济。在条件具备的区域，积极引进企业总部，拓展高端服务业，充分发挥总部经济的辐射效应，提高莲湖对全市、全省乃至全国经济的影响力。二是大力发展楼宇经济。拓展城区发展空间，变平面发展为立体发展，走集约化发展道路，实现城区空间效益最大化。三是全面推进街区经济。挖掘、整合辖区街区资源，科学定位，一街一品，努力打造特色街区。

(2)调整产业结构，提升五大优势产业竞争力。坚持现代制造业与服务业协调发展的原则，积极发展壮大现代工业、高新技术产业、商贸服务业、建筑和房地产业、文化旅游业五大优势产业，努力提升产业竞争力。在保持原有现代工业等支柱产业强势竞争力的同时，加快提升现代服务业在经济总量中的比重，推动产业结构升级。

(3)优化产业空间布局，打造七个经济增长极。以五大优势产业为带动，依托三大经济形态，培育特色产业集群，优化产业空间布局，打造七个经济增长极。一是大兴路板块：重点发展机电物流、房地产、商贸商务和创意产业。二是历史文化街区板块：重点发展民族餐饮、商贸和文化旅游产业。三是西大街板块：重点发展商贸商务、休闲娱乐和旅游业。四是大唐西市板块：重点发展创意产业、商务商贸和文化旅游产业。五是桃园开发区板块：重点发展高新技术产业和商务服务业。六是土门板块：重点发展批发和零售贸易业、商贸业和休闲餐饮业、都市型工业。七是玉祥门板块：重点发展汽配、机电物流交易和商贸服务业。

根据《莲湖区经济率先发展战略实施纲要》，大兴新区要建设国际商贸基地，提升区域开放型经济；拓展城区发展空间，适当提高容积率，变平面发展为立体发展，走集约化发展道路。

4.4 大兴新区城市综合改造思路[8]

2007年以来，西安市大兴新区始终坚持以"解放思想、改革创新"为指导，在工作理念、体制机制、发展模式、政策制度等方面不断创新，大胆探索，有力地推动了区域经济的发展。

(1)坚持项目开发由零散开发向规模化片区改造转变，实现综合改造全面突破。

在项目开发中，零散的开发方式因缺乏整体规划的有效引导和合理制约，难以实现环境改善、形象提升、项目引进、产业调整的综合效应。大兴新区要以规模化改造为着力点，坚持"整体开发、板块推进"的改造思路，同步推进"工业仓储业、棚户区、城中村、铁路专用线"四大改造，集中优势打造重点片区，统筹实施规划策划、拆迁安置、企业搬迁、土地储备、招商引资、市政建设、公建配套，全面提升环境和城市品位，带动西安市城西区域整体面貌改善和社会经济可持续发展。

(2)建立"市级协调、区级实施、独立运作"模式，实现管理重心下移。

推动城市建设，必须积极调动、充分发挥区县的积极性和主动性，最大限度地整合各方资源，形成科学高效的管理运行体制，为城市建设发展注入新的生机和活力。随着城市建设管理重心下移和事权下放的推进，区级政府参与城市基础设施融资、拆迁、建设、管理的作用开始逐步凸显。在大兴新区综合改造中，大兴新区要坚持"市级协调、区级实施、独立运作、服务效能"的模式来实施城市建设管理，有效破解手续办理、市级协调、规划管控、资金筹集、事权下放、搬迁拆迁等6大综合改造难题。要积极盘活土地资源，形成投入一开发一收益一再开发的循环链，充分利用市场规律的资源配置作用，提升区域价值，实现经济效益、社会效益和生态效益的最优化。

(3)运用开发区理念推进板块发展，进一步壮大区县经济。

随着城市骨架的不断拉大，区县经济将成为西安市加快发展的重要力量，区县兴则全市兴，区县强则西安强。大兴新区综合改造要进一步整合区域土地、产业和人力资源，引入开发区"敢想、敢干、敢闯"的先进工作理念和运行机制，加快推进项目建设、环境建设、队伍建设。重视发挥新区综合改造的系统效应，把大兴新区作为全区管理制度创新，改善环境高效招商引资，区域联动协作一体化，政府主导城中村改造，产业结构转型升级，重点项目建设等6大示范窗口。要充分发挥大兴新区机制体制的优势，按照“板块带动、一区多园”的思路，以大兴新区为依托，带动土门棚户区、大明宫（莲湖）区域、莲湖高陵工业园的发展和壮大，成为引领莲湖区社会经济快速发展的动力引擎和发展壮大区县经济的有效载体。

（4）坚持企业搬迁改造和产业结构调整并举，积极落实西安市工业发展和结构调整行动。

城市建设必须兼顾当前与长远，以满足人的多层次需求为目标，不断拓宽城市的物质空间、社会空间、环境空间，实现城市整体内在要素的相互关联、和谐平衡、有机秩序和可持续发展，使城市青春永驻、生命长存，充满无限的生机和活力。实施综合改造，企业搬迁改造是难点，产业结构调整是关键，只有坚持二者高效并举，将“搬出去、引进来”有机结合，才能真正改善区域环境，提升城市品位。大兴新区要率先落实《西安市工业发展和结构调整行动方案》，充分发挥工业企业搬迁试点办平台作用，以规划为龙头，实行关闭破产、就地改造、外迁发展等多种方式加快企业搬迁、腾笼换鸟，使企业搬迁与莲湖区经济长远发展有机结合、与产业结构调整有机结合、与区域开发建设有机结合，实现区域发展的“新陈代谢”。要通过规划设计、产业布局、道路改造、公建配套、环境整治、文化遗址开发利用等，实现城市形态、城市风格、产业结构、人文景观、文化内涵、城市管理的有机更新。

4.5 大兴新区的未来规划

大兴新区总规划面积约1400公顷，其中莲湖辖区约1000公顷，未央辖区约230公顷，团结水库水环境综合治理区约170公顷，主要包括市政基础设施建设、生态环境优化、房地产开发、新区公建配套建设、城中村改造与企业搬迁等5方面内容。

大兴新区综合改造项目总体规划通过了市政府审批，并荣获了中国城市规划学会、中国建筑学会、中国风景园林学会评选的第七届2007年全国人居经典建筑规划设计方案竞赛规划、环境双金奖。规划明确了该区域未来的发展方向、地区性质和功能定位，对地区的土地集约利用有着较大的影响。规划以建立五金机电贸易业、商贸服务业、住宅房地产业为主导产业的国际化、现代化商住商贸宜居新区为目标，遵循土地利用里坊化、交通运输人性化、公共设施系统化和生态景观人文化的原则，通过企业搬迁、土地储备、市政配套等系列措施，打造“两带、三线、九里坊”布局。“两带”：一是实施北郊城河退水明渠改造，建成约550亩的大兴景观休闲带；二是沿陇海铁路及专用线两侧，建设景观绿化带。“三线”：沿星火路、大庆路、大兴路对原五金机电商圈整合升级，打造国际五金机电商贸产业集群。“九里坊”：按两纵三横规划道路干线划分 9 个社区里坊单元，建设约 20 万人的大众精品住宅区，打造“最佳人居环境”示范区。大兴新区将成为一个环境优美、配套完善、产业优化的现代化、国际化、生态化商住商贸宜居新区，成为未来西安西北城区最具吸引力的城市副中心区。总体规划如图 4.5 所示。

4.5.1 土地利用规划

土地利用规划按照路网格局，将居住区块设置为 9 个里坊小区（见图 4.4 右下角），占地面积为 404.36 公顷；商业用地集中在朱宏路、大兴新区、大庆路两侧，同时，干道的交叉口布局规模大、档次高的宾馆、商贸等用途的建筑，中心里坊居住单元的道路两侧以商住形式适当安排商业，总面积合计 58.90 公顷；仓储用地规划布置在Ⅴ里坊内，占地面积为 7.22 公顷；体育用地规划布局在Ⅷ、Ⅸ里坊，占地面积 8.80 公顷；医疗用地规划在Ⅲ里坊内，占地面积 3.65 公顷。

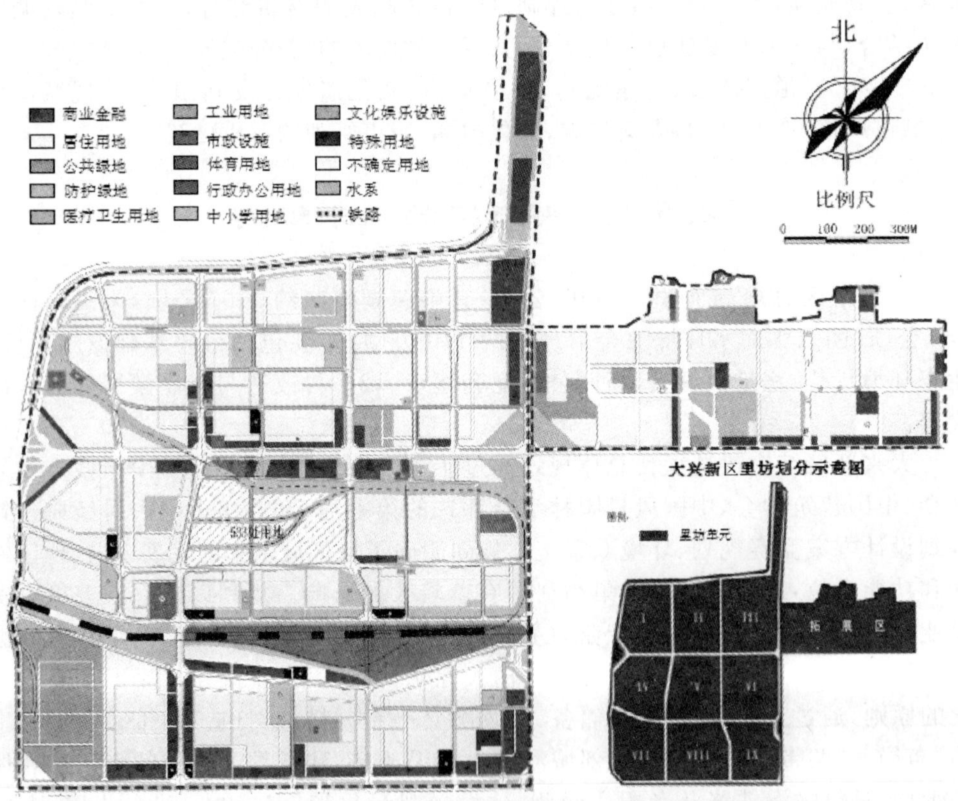

图 4.4 大兴新区城市综合改造分区总体规划图

根据开发构想将道路网络规划为纵横交错的方格网结构，占地面积 181.99 公顷。绿地布局主要由中心公园、组团绿地、里坊绿地、街头、滨水绿地和防护绿地构成。

4.5.2 土地开发规模及用地指标

该区域规划建筑容积率为 2.5，总建筑面积 1 257 万平方米，可以容纳约 20 万人口居住生活；道路面积 181 公顷，长度 86 200 米；生态公园两处，沿污水渠建造的绿带和公园占地约 10 公顷，沿西安铁路西站铁路沿线建造的绿带占地约 40 公顷，里坊公园约 18 公顷。各项用地指标见表 4.6。

表 4.6 各类建设用地平衡指标表

用地代号	用地名称			指标		
				面积/公顷	占城市建设面积/(%)	人均/(m^2/人)
R	居住用地			404.36	46.44	28.28
	其中		商住混合用地	161.61		
C	公共设施用地			82.45	9.51	5.77
	其中	C_1	行政办公用地	5.79		
		C_2	商业金融用地	58.90		
		C_4	体育用地	8.80		
		C_5	医疗卫生用地	3.65		
		C_7	文物古迹用地	5.31		
W	仓储用地			7.22	0.83	0.51
T	对外交通用地			73.20	8.40	5.1
S	道路广场用地			181.99	21.17	12.83
U	市政公用设施用地			5.79	0.67	0.41
G	绿地			102.96	11.88	7.20
E	水域及其他			9.03	1.10	0.6
	城市建设用地			867	100	60.6

注：大兴路地区城市综合改造工作协调领导小组办公室，西安市城市规划设计研究院：《西汉城综合改造分区总体规划》。

4.6 大兴新区土地集约利用研究的背景

4.6.1 土地利用结构的变化

区域土地利用结构的调整是区域功能转变的前提。从大兴新区土地利用规划可以看出,大兴新区的功能定位发生了巨大变化,由原来的仓储区转变为商住商贸宜居新区。大兴新区土地利用规划表明,新区住宅用地和商服用地的比重占到总用地面积的46.44%和9.2%,明显高于现有住宅用地和商服用地的比重。这种土地利用结构的调整将引起区域土地集约利用水平的变化。为了有效提高土地集约利用水平,控制土地开发规模,定量研究土地集约利用潜力对新区发展具有重要的指导意义。

4.6.2 产业结构的调整

大兴新区现有产业结构以仓储物流产业为主,少量房地产开发产业为辅。根据对区域内65家重点企业的调查,大部分企业经营处境艰难,停产与半停产企业的约占总数34%,勉强支撑和盈亏持平的约占41%;企业生产设施陈旧老化,企业债务负担沉重,职工生计困难,通过调整产业结构优化升级现有产业迫在眉睫。

根据《西安市二环及二环沿线工业企业搬迁改造实施办法》,按照"统一规划、分步实施、先易后难、稳步推进,入园进区、产业聚集,节约资源、降低成本"的原则,大兴新区的高能耗、重污染、不符合城市规划和安全生产的工业企业需要尽快有组织地搬迁,为产业结构的优化升级打下基础。通过产业优化升级,形成以现代服务业、五金机电贸易业、房地产业为主,旅游业为辅的产业结构。建立土地集约利用评价指标体系,定量分析调整产业结构的贡献率,客观地反映出产业结构调整为区域土地的集约利用所做的贡献。

参考文献

[1] 寻求产业集聚与土地集约节约利用的统一[N]. 中国国土资源报,2008:7-14.

[2] 饶会林. 现代城市经济学概论[M]. 上海:上海交通大学出版社,2008:5.

[3] 鲁奇,王业侨. 从台湾发展看海南区域协调发展与土地利用战略[J]. 中国土地资源战略与区域协调发展研究,2006(7):24-27.

[4] 王明浩,李萌.中国城市经济发展的前景和对策[J].城市,2006(1):3-9.

[5] 刘文俭,张传翔.土地资源的节约集约利用与城市经济的持续稳定发展[J].现代城市研究,2006(5):53-58.

[6] 康鸳鸯,郭艳.经济增长方式转变与节约利用土地研究[J].资源开发与市场,2008,24(2):138.

[7] 西安市规划局.西安城市总体规划(2008—2020年)简知[J].西安规划,2008,3(23):8-9.

[8] 市委政研室.创新引领:老城区的优势再造——西安大兴新区综合改造项目调查[N].调研参阅.2010(16):1-11.

第五章 大兴新区土地集约利用潜力评价

5.1 大兴新区土地集约利用影响因素分析

实践表明，区域土地集约利用是多因素共同作用的结果。各因素从不同方面影响着区域土地集约利用，形成系统合力，推动区域土地利用向集约化方向发展。具体来讲，影响区域土地集约利用的因素分为制度创新因素、经济因素、社会因素及环境因素四个方面。

5.1.1 制度创新因素

影响大兴新区土地集约利用的制度创新因素包括城市综合改造、土地政策、产业政策等多个因素。这些因素从不同方面决定着大兴新区土地利用的方向和方式。

1. 西安市政府政策支持

《西安市人民政府关于进一步明确大兴新区综合改造有关政策的批复》(市政发〔2009〕107号)，委托西安大兴新区综合改造管委会在大兴新区综合改造范围内行使土地、建设、市政等相关市级行政管理职能。

(1)规划管理。市规划局委托西安大兴新区综合改造管委会在大兴新区综合改造范围内，行使规划管理权限。西安大兴新区综合改造管委会的规划管理机构要严格按照市政府批准的大兴新区分区规划和详细规划，进行区域内的规划管理工作，接受市规划局指导并对其负责。

(2)土地管理。大兴新区综合改造范围内的土地利用计划在市上实行单列，且受市国土局委托，西安大兴新区综合改造管委会负责大兴新区综合改造范围的土地管理，具体包括：负责年度国有土地储备、土地供应计划的编制和实施；负责办理农用地转用、土地征用、出让、报批；负责土地调查、统计、土地用途管制、地籍地政、土地产权登记，土地纠纷调查等工作。

(3)建设和市政管理。受市建委委托，西安大兴新区综合改造管委会负责大兴新区综合改造范围内工程报建、建设工程管理、城建费用的征收、建筑工程施工许可证发放、工程质量监督及安全管理、工程项目综合验收管理及其它委托的建设管理事项。受市市政管理委员会委托,西安大兴新区综合改造管委会负责大兴新区综合改造范围内市政设施建设及维护、户外广告审批等管理事项。

(4)环保管理。受市环保局委托,西安大兴新区综合改造管委会负责大兴新区综合改造范围内环境保护管理及项目环评批复等工作。

(5)房屋管理。西安大兴新区综合改造管委会提供必要的办公条件,由市房屋管理局委托专人,负责办理大兴新区综合改造范围内拆迁许可证、房产预售发放等工作。

(6)发展改革。受市发改委委托,西安大兴新区综合改造管委会负责大兴新区综合改造范围内入区项目的立项、备案办理及1亿美元以下外资项目的核准,负责制定大兴新区综合改造经济发展计划和产业发展规划。

(7)市容园林、水务管理。受市市容园林、水务等部门委托,西安大兴新区综合改造管委会负责大兴新区综合改造范围内市容园林、水务等相关行政管理工作。

2.城市综合改造因素

近年来,西安市积极推进城市综合改造、不断提升城市功能,推动新区土地集约利用。市委、市政府先后提出了"完善城市功能,改善人居环境"、"提高市民幸福指数"、"以人为本,建设人文西安、活力西安、和谐西安"、"城市管理提升年"等一系列城市综合改造措施,提升了城市功能,推动了城市土地利用不断朝向集约化方向发展。市委、市人大、市政府、市政协领导多次深入调研大兴新区综合改造项目,提出的"以人为本、提升区域整体品质、将大兴新区建成未来西安最适合居住的区域之一、全面加快区域内的市政基础设施建设、积极建立与国际之间的广泛交流与合作"等要求对新区的土地集约利用产生了直接的推动作用。

3.街景提升因素

2008年,为解决西安城市建设管理发展中存在的可持续发展能力较低、公共产品和公共服务质量不高、公共管理成本较大、管理效率不高,经济与社会、人与自然缺乏协调发展等诸多问题,西安市委、市政府提出,利用三年时间,在全市范围连续开展城市建设管理提升年活动。通过整治提升,进一步丰富历史文化名城建设内涵,激发城市活力和生机,打造城市品牌,努力实现城市基础设施由量到质的提升、城市景观由乱到美的提升、环境整治由点到面的提升,全力打造全省城市典型示范景观,全国城市生态景观,世界一流城市人文景观,为人民群众提供高质量的工作和生活环境,创建和谐的生存发展空间,营造西部最佳投资环境和最具特色的城市。

为了推动城市建设管理提升年工作顺利开展，西安市成立了城市建设管理提升年工作领导小组，出台了《西安市城市建设管理提升年工作方案》，其中明确提出，将围绕城市主干道“三纵、三横、三环、一高架”以及朱宏路等城市主要道路及重点区域周边、城市出入口等地段的容貌提升，逐步开展建筑立面、城市绿化、线缆落地等 15 项整治工作，通过城市建设管理水平的全面提高，进一步彰显城市特色、增添城市魅力、展示市民风貌、兑现城市价值。西安市配套制定了《关于加快推进城市建设管理提升年活动配套政策意见》、《西安市城市环境容貌秩序日常管理工作考核评比及工作标准》等一系列文件，明确大兴新区管委会负责组织实施本区域的提升整治和城市环境容貌后续管理工作。

当前，随着西安市城市建设管理提升年活动的深入推进，大兴新区在“拆、改、留”定位中，要利用全市提升年活动的各项优惠政策，对不符合规划和产业布局要求、严重影响市容景观的房屋，坚决予以拆除；对符合规划要求的新建建筑和具有一定建筑风格的保留建筑，纳入全市城市建设管理提升年范畴，高标准进行整治提升；对有文物价值的建筑予以保留、抢救和修复，对周边环境予以整治，使其更好地彰显古城历史文化特色。另外，对改造区内道路沿街的立面、门头牌匾、管网、线缆等统筹规划改造，对团结水库周边进行综合治理，建设大兴广场等绿化休闲广场，推进区域内城市空间资源和要素均衡配置，实现人与人、人与自然、自然与自然之间的和谐共处，共同发展。

4. 土地政策因素

土地及其相关制度是影响大兴新区土地集约利用的一个重要因素。土地使用制度改革和土地政策落实是城市土地利用系统正常运转的基本保障；土地法律法规对土地开发利用行为主体产生各种约束和激励，决定其土地利用的方式和强度，因而深刻影响城市土地集约利用程度。从国家的土地政策看，节约土地资源，盘活闲置土地，提高存量土地利用效率，已经成为近年来土地利用工作的重点和方向。如国家制定用地定额标准，出台限制农用地转用的相关政策等，最终的效果都是促使城市土地利用内部挖潜，进而促进土地集约利用。

5. 产业政策因素

产业政策也是影响区域土地集约利用的重要因素之一。各产业部门的土地生产率和利用率不同，不同的产业结构形成相应的土地利用结构。土地资源供需关系是影响我国宏观产业政策发生变化的主要因素之一。近年来，因土地资源供应紧张，产业结构调整、升级已成为我国改革发展的主要内容，城市功能正由生产型转向管理服务型；城市产业结构类型也正经历着从“二、三、一”向“三、二、一”的转变，即产业结构高级化。

另外，地方政府相关的政策文件将对大兴新区土地集约利用起到直接的推动作用。如西安市下发的《〈西安市工业发展和结构调整行动方案〉的通知》（市办发〔2006〕30 号）、《西安市 2007 年二环内及二环沿线工业企业搬迁改造工作计划的通知》等文件都对大兴新区的土地集约利用产生了直接的影响，促进地区土地集约利用向深度发展。

5.1.2 经济因素

影响大兴新区土地集约利用的经济因素主要表现在资金投入和经济发展两个方面。

1. 资金投入

资金是影响大兴新区土地集约利用的一个重要因素。资金的集聚为土地集约利用创造了条件。大兴新区城市综合改造项目作为西安市“十一五规划”重大项目、西安市皇城复兴计划重要组成部分、西安市工业企业搬迁改造试点区、西安市 2008 年重点建设项目、莲湖区未来五年经济建设的三大重点之一，市区两级政府高度关注，积极为其融资和争取政策性资金创造了有利条件。按照计划，大兴新区城市综合改造项目总投资约 95 亿元，目前已多渠道融资约 30 亿元。通过多种渠道广泛吸纳社会资金，为综合改造提供了有力的资金保障。

2. 经济发展

经济发展与土地集约利用相辅相成、相互促进。经济发展为区域土地集约利用提供了资金，使集约利用成为可能；经济发展对土地利用的相关技术提出了新的要求，如要求提高建造设计水平、城市规划水平等，促进区域土地集约利用水平的提高。反之，区域土地集约利用度的提高，也有利于带动经济的发展。根据报酬递减规律，只有加大资金和劳动力等方面的投入，才能提高单位面积土地产出，实现经济的发展。

近年来，西安市经济持续快速增长，带动大兴新区经济稳步增长，促进新区土地集约利用水平不断提高，但与周边区域相比，新区发展相对滞后。通过加大投入，提高单位面积土地产出，实现土地集约利用，是大兴新区成为区域经济增长极的重要途径之一。

5.1.3 社会因素

影响大兴新区土地集约利用的社会因素主要有城市化发展、规划因素等。

1. 城市化发展

城市化发展也是推动区域土地集约利用的一个重要因素。目前，我国正处于城市化加速发展时期，城市人口持续增长，资金和技术向城市集聚，产业结构不断优化升级。人口的增加拉动了房地产等相关行业的消费，对城市土地需求逐步增加；同时，城市土地供给的有限性导致城市土地供求关系日益紧张，从而引导人们开展土地的空间利用。随着城市人口的增加，土地的空间利用程度、建筑容积率和建筑密度不断提高，资金和技术不断向城市集聚，为土地集约利用创造了条件。

西安市城市化进程的加快必将对大兴新区的土地集约利用产生推动作用。随着城市化进程的加快，越来越多的农村人口以及大量的资金及技术将会向西安市集聚，而大兴新区目前的人口密度相对较低，人口容量尚未饱和；另外，随着新区改造建设的推进，将吸引更多的人口、资金、技术向区域内集聚，推动区域土地的集约利用。

2. 规划因素

区域规划也是影响土地集约利用的重要因素之一，明确了未来的发展方向和功能定位，对区域土地集约利用有着较大的影响。根据《关中一天水经济区发展规划》、《西安市第四轮城市总体规划》，大兴新区将进一步明确努力目标和发展方向，适时地对分区规划进行优化和调整，促进地区土地利用向集约方向发展。

5.1.4 环境因素

周边环境也是促进大兴新区土地集约利用的重要因素。大兴新区北邻西安经济技术开发区，南接西安高新技术产业开发区，西临西咸经济一体化（沣渭新区和泾渭新区），东南紧邻西安主城区。大兴新区周边环境如图 5.1 所示。

西安经济技术开发区、西安高新技术产业开发区和西安市主城区的土地集约利用程度相对较高，在土地利用强度、土地投入强度、土地产出效率和土地利用结构方面明显优于大兴新区。大兴新区作为连接两个开发区及西安市主城区的经济新区，其土地利用与周边区域的土地利用密切相关，即周边区域土地集约利用度不断提高会逐渐带动资金和劳动力流向大兴新区，使大兴新区与周边地区土地利用结构之间相互促进，土地利用微环境之间相互协调，土地使用强度和使用效率不断提高，促进大兴新区的土地利用不断走向集约化。另外，在西咸经济一体化的大环境下，大兴新区的经济发展将受到一定的刺激和影响，能更好地推动地区土地利用不断走向集约。

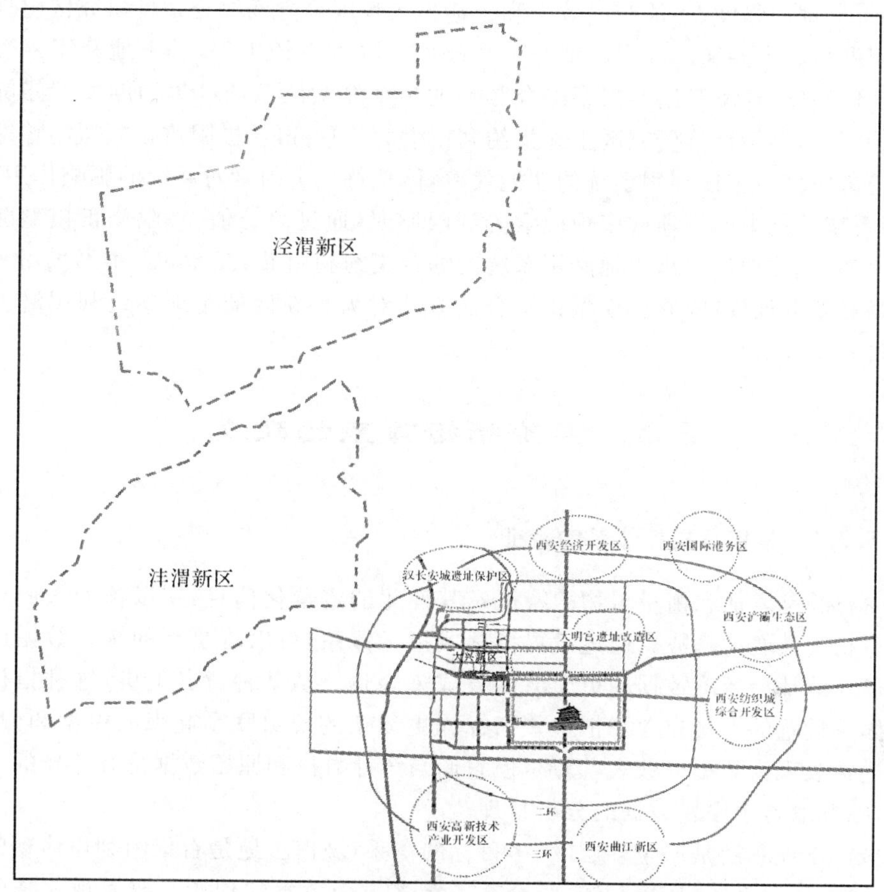

图 5.1　大兴新区周边环境示意图

5.2　常用评价模型及模型选取

目前，城市土地集约利用潜力评价的模型有 5 种：集约度模型、总分值-极限修正模型、用地面积潜力测算模型-密度/容积率模型[1]、用地效益潜力测算模型和理想值修正模型[2]。其中集约度模型应用于城市土地集约利用潜力的宏观评价，总分值-极限修正模型、用地面积潜力测算模型-密度/容积率模型、用地效益潜力测算模型用于区域中观评价，理想值修正模型用于微观评价。

研究区土地集约利用潜力评价属于区域性综合评价，主要从城市空间格局合理性、土地利用强度、土地产出效率和土地投入程度等方面综合评价研究区土地集约利用潜力。大兴新区综合改造是一个政府主导的系统工程，其土地利用是受社会、经济、制度、环境等诸多因素综合影响的一个复杂巨系统。集约度模型能够综合多种因素，科学评价研究区土地集约利用潜力。总分值-极限修正模型能够综合系统地考虑城市土地利用系统的功能效率，体现每一个因素对系统的影响作用；同时，当系统功能中的一项或多项因素受到限制时，通过总分值-极限修正模型能够更加科学、全面地反映出土地利用系统的综合集约利用潜力。因而，本书采用集约度模型和总分值-极限修正模型相结合的方法对大兴新区的土地集约利用潜力进行评价。

5.3 评价指标体系的建立

5.3.1 指标及指标体系的特征

"指标"是表征和衡量事物的特征及其变化的定量化信息，用以帮助人们理解复杂事物及其变动趋势。通过设置指标或指标体系，可以将复杂的统计数据以及其他形式的社会经济数据用更简洁的方式来表达。从某种意义上讲，这种指标或指标体系设置的本身包含了把这些指标同更复杂的现象联系起来的模型和假设。指标通常表现为数据或数表、图形，但它们与统计数据和原始数据是有差异的。事实上，指标取自于原始数据的分析整理。

城市土地利用是一个多层次、多目标的体系，城市土地是否集约利用体现的是经济系统、资源系统、环境系统、社会系统等多方面效益的均衡。要表现这样的多维矢量，必须运用一套指标体系。城市土地集约利用潜力评价指标体系是直接反映城市土地集约利用目标、内容、程度等不同属性特征的可度量参数按隶属关系和层次原则组成的有序集合[3]。

5.3.2 指标选择的原则

构建城市土地集约利用潜力评价指标体系，要从宏观、中观和微观等不同的层面，统筹考虑经济效益、社会效益与环境效益的协调统一；同时，针对不同层面城市土地集约利用的目标及其影响因素，从自然、社会和生态环境等方面选择相应的因素因子，组成城市土地集约利用评价的指标体系。在指标体系构建时应遵循以下原则。

1. 综合性与主导性原则

城市土地集约利用潜力评价既要选取城市土地的利用强度、产出效益、生态环境影响程度等方面的因子对区域进行综合评价，体现城市土地利用在生态、经济、社会环境上效益的统一，又要抓住其中的主导性因素，突出主导性因素对城市土地集约利用的影响[4]。

2. 先进性和可操作性原则

选取参评因子，既要考虑城市土地集约利用的发展趋势，确保选项的先进性，又要从实际出发，考虑资料及数据的可获取性；确定参评因子对土地集约度影响的标准，既要参照国际、国内先进城市的数据和标准，也要考虑到评价区域的可行性和可能性[5]。

3. 特殊性原则

选取参评因子，要尽可能地突出评价区域特点，反映区域发展潜力、竞争实力、聚集和辐射能力，体现城市品位和形象。

4. 动态性原则

设计和构建城市土地集约利用潜力的评价指标体系，一方面是为评价城市土地集约利用水平和集约利用潜力服务，另一方面用动态的眼光从若干方面来揭示影响城市土地集约利用的因素，探寻城市土地集约利用的规律[6]。因此，所选指标应尽可能反映土地集约利用的动态趋势。

5. 导向性原则

选取参评因子时，既要考虑通过这些因子的评价，反映区域土地利用的现实水平和未来发展方向，同时也可揭示影响和制约区域土地集约利用的主要因子和指标，更好地明确促进区域土地集约利用的方向。

5.3.3 指标选择的方法

土地开发规模、利用方式、用地强度受经济、社会、生态、技术等多方面因素的制约，决定着土地利用的集约程度。因此，选取的评价指标既要考虑所选指标分布不重叠、不缺失，又要反映研究区土地集约利用潜力水平。

一般情况下，采用直接衍生、交叉衍生、综合衍生等方法，从各类因素中选择城市土地集约利用潜力评价指标。指标选择的思路是：罗列所有对城市土地集约利用影响的指标→筛选明显不合理指标→专家论证→确定指标。

5.3.4 指标体系的建立及其分析

土地集约利用评价指标一般主要从投入强度、使用强度和土地利用效率等方面进行设计。投入强度是城市土地集约利用水平得以提高的前提条件;使用强度是土地集约利用的基本内涵;提高土地利用效率是城市土地资源开发利用的最终目标[7]。另外,土地利用结构调整是城市功能转变的前提,土地利用结构也是评价土地集约利用潜力时考虑的一个重要因素。

《开发区土地集约利用评价规程》(试行)适用于包括经济技术开发区、高新产业开发区以及相关海关特殊监管区域在内的经合法审批的各类开发区。本书选取指标以针对性强、具备典型代表性为宗旨,参考《开发区土地集约利用评价规程》(试行),从土地利用结构、土地使用强度、土地投入强度、土地利用效率四个大方面罗列所有影响土地集约利用的指标,以大兴新区综合改造总目标为出发点,结合大兴新区实际及市、区的相关规划,筛选明显不合理指标,最后通过专家论证选取了4 个方面 16 个针对性强、具有典型代表性的评价指标,建立了相应的大兴新区土地集约利用潜力评价指标体系,见表 5.1。

表 5.1　大兴新区土地集约利用潜力评价指标体系

土地集约利用潜力 A	土地利用结构 B_1	区域工业用地比例 C_1
		区域仓储用地比例 C_2
		区域特殊用地比例 C_3
		区域绿地率 C_4
	土地使用强度 B_2	综合建筑密度 C_5
		综合容积率 C_6
		土地闲置率 C_7
		地下空间利用率 C_8
	土地投入强度 B_3	基础设施完备度 C_9
		公用设施完备度 C_{10}
		地均固定资产投入(万元 / 公顷)C_{11}
		人均道路广场面积(m^2 / 人)C_{12}
	土地利用效益 B_4	就业密度(人 / 公顷)C_{13}
		单位土地面积 GDP(万元 / 公顷)C_{14}
		单位土地工业总产值(万元 / 公顷)C_{15}
		地均税收(万元 / 公顷)C_{16}

5.4 评价指标说明及其标准值的确定方法

5.4.1 评价指标说明

1. 土地利用结构

主要采用区域工业用地比例、仓储用地比例、特殊用地比例及绿地率 4 个指标来衡量。

(1)区域工业用地比例。工业用地是集约度相对较低的用地类型，在一定范围内，该项指标值越大，区域土地的结构效能越低，区域土地集约利用程度就越低，土地集约利用潜力则越大。

(2)区域仓储用地比例。同工业用地一样，仓储用地也是集约度相对较低的用地类型，在一定范围内，该项指标值越大，区域土地的结构效能越低，区域土地集约利用程度就越低，土地集约利用潜力则越大。

(3)区域特殊用地比例。特殊用地一般不直接产生经济效益，与工业用地和仓储用地相比，特殊用地的集约度更低。在一定范围内，该项指标值越大，区域土地的结构效能越低，区域土地集约利用程度就越低，土地集约利用潜力则越大。

(4)区域绿地率。绿地率在一定程度上决定着区域的生态承载能力，区域绿地率越低，土地利用在生态环境方面的约束就越大，土地利用集约程度就越低，土地集约利用潜力则越大。

2. 土地使用强度

主要采用综合建筑密度、综合容积率、土地闲置率、地下空间利用率 4 个指标来衡量。

(1)综合建筑密度。区域综合建筑密度越小，表明区域建筑布局越分散，区域土地使用强度越低，土地利用集约程度就越低，土地集约利用潜力则越大。

(2)综合容积率。在一定的区间范围内，容积率越低，表明区域土地使用强度越低，土地利用集约程度就越低，区域土地集约利用潜力则越大。

(3)土地闲置率。区域土地闲置率越高，表明区域土地使用强度越低，区域待开发的土地资源越充裕，土地集约利用的潜力则越大。

(4)地下空间利用率。为进一步挖掘城市土地利用潜力，国内外许多城市把开发的方向逐渐向地下转移，即通过开发地下空间，进一步提高城市土地利用的强度。地下空间利用率越低，区域土地开发向地下延伸的空间越大，土地集约利用潜力则越大。

3. 土地投入强度

主要采用基础设施完备度、公用设施完备度、地均固定资产投入、人均道路广场面积 4 个指标来衡量。

(1)基础设施完备度。基础设施完备度越低，表明区域土地在基础设施方面投入程度越低，则区域土地投入越大，区域土地集约利用潜力越大。在确定该项指标值时，分为 0.1，0.2，0.3，…，1.0 共 10 个评分等级，通过专家打分法来确定指标值。

(2)公用设施完备度。公用设施完备度越低表明区域土地在公用设施方面的投入程度越低，区域公用配套设施完备空间越大，区域土地集约利用潜力则越大。在确定该项指标值时，同基础设施完备度一样，分为 0.1，0.2，0.3，…，1.0 共 10 个评分等级，通过专家打分法来确定指标值。

(3)地均固定资产投入。该项指标越低，表明区域土地总体上对产业、资本的吸纳量越小，区域固定资产投入扩展潜力越大，区域土地集约利用潜力则越大。

(4)区域人均道路广场面积。区域人均道路广场面积能够反映区域土地投入强度，该项指标越低，表明区域土地投入强度越低，区域土地集约利用潜力则越大。

4. 土地利用效益

主要采用就业密度、单位土地面积 GDP、单位土地工业总产值、地均税收 4 个指标来衡量。

(1)就业密度。该项指标越低，表明区域土地吸纳劳动力就业的能力越小，区域土地利用系统的社会功能提升空间就越大，区域土地集约利用潜力就越高。

(2)单位土地面积 GDP。单位土地面积 GDP 越低说明区域土地利用效益越低，区域土地集约利用水平就越低，区域土地集约利用的潜力就越大。

(3)单位土地工业总产值。区域单位土地工业总产值越低，表明区域土地工业产出效能越低，待提升的空间就越大，区域土地集约利用潜力则越大。

(4)地均税收。区域地均税收越低，表明区域土地系统增值、盈利等的能力越弱，待提升的空间就越大，区域土地集约利用潜力则越大。

5.4.2 评价指标标准值的确定方法

由于每一个地区自然禀赋、历史渊源、区域规模以及所处发展阶段等都存在一定的差异，对社会效益、经济效益和生态效益综合发展的要求不同，评价时参照标准也不同。宏观评价旨在反映地区土地集约利用状况与合理集约利用状况的接近程度，对特定的地区，在实际评价过程中，应该采用符合实际的标准。针对不同指标特征和区域自身特征，一般采用以下的方法进行不同区域评价标准值的确定[8-9]：①采用国家或地方制定的规范标准；②采用邻近区域内同规模等级城市土地集约利用极值或平均值；③采用该区域的历史发展趋势确定的合理水平；④参照发达国家相关标准；⑤参照理论最优值；⑥对区域内居民进行问卷调查；⑦专家咨询法；⑧根据区域的未来规划确定指标的标准值。

这些确定方法的实质是将已有的科学合理的研究标准、国家标准或地方标准中的合理规定作为参照或通过单项指标的域内、域外比较，确定一个合理的目标值或者是按照地区自身发展状况确定一个标准，以此判断地区土地集约利用潜力水平。

5.5 评价指标权重的确定

5.5.1 层次分析法(AHP 法)

本书采用层次分析法来确定大兴新区土地集约利用评价的各项指标权重。层次分析法(Analytical Hierarchy Process，简称 AHP 方法)是由美国运筹学家 A. L. Saaty于 20 世纪 70 年代提出的，是一种定性与定量相结合的决策分析法，适合用于那些难以完全定量分析的问题。它是一种将决策者对复杂系统的决策思维过程模型化、数量化的过程。应用这种方法，决策者通过将复杂问题分解为若干层次和若干因素，在各因素之间进行简单的比较和计算，就可以得出不同方案的权重，为最佳方案的选择提供依据。

层次分析法的基本原理是排序的原理，即最终将各方法(或措施)排出优劣次序，作为决策的依据[10]。具体操作过程有以下几个步骤。

(1)建立层次结构模型。将决策问题看做是受多种因素影响的大系统，再把这些相互关联、相互制约的因素按照它们之间的隶属关系排成从高到低的若干层次。层次分析法模型的层次结构一般分为三类：第一类为最高层或称目标层，这层只有一个元素，一般是决策问题的预定目标或理想结果；第二类为中间层或称准则层，这一层可以有很多个子层，每个子层可以有多个元素，包括所有为实现目标的中间环节。这些环节常常是需要考虑的准则、子准则；第三类是最底层或称为方案层，这一层的元素是为实现目标可供选择的各项措施、决策或方案[11]。

(2) 构造判断矩阵。构造判断矩阵是进行层次分析的关键。其原理为：设有 N 个因素 $C_1, C_2, \cdots, C_N$ 对总目标 $\boldsymbol{G}$ 有影响，要确定它们在 $\boldsymbol{G}$ 中的比重。采用成对比较法，即每次取两个因素 C_i 和 C_j，用 a_{ij} 表示 C_i 和 C_j 对 $\boldsymbol{G}$ 的影响之比。将全部比较的结果用矩阵表示。对于如何确定 a_{ij} 的值，人们常取数字 1 ～ 9 及其倒数作为 a_{ij} 的取值范围。这是因为在进行定性成对比较时，人们头脑中的 5 个明显等级可数量化为如表 5.2 所示。在每两个等级之间各有一个中间状态，依次用 2,4,6,8 将其量化。

表 5.2　因素等级表

C_i 比 C_j	相同	稍强	强	很强	绝对强
a_{ij}	1	3	5	7	9

(3) 层次单排序与一致性检验。在构造判断矩阵之后，求出判断矩阵的最大特征值 $\lambda_{\max}$ 和对应的特征向量 $\boldsymbol{W}$，$\boldsymbol{W}$ 经过标准化后，即为同一层次中相应元素对于上一层次中的某个因素相对重要性的排序权值，这一过程称为层次单排序。所谓一致性指标，是指用来衡量判断矩阵不一致程度的数量指标。记作 CI，定义为

$$CI = \frac{\lambda_{\max} - n}{n - 1} \tag{5.1}$$

另外，引入随机一致性指标 RI，当随机一致性比例 $CR = \dfrac{CI}{RI} < 0.1$ 时，判断矩阵 $\boldsymbol{A}$ 的一致性可以接受，否则，必须调整判断矩阵。随机一致性指标 RI 对各阶矩阵的相应数值见表 5.3。[12]

表 5.3　随机一致性指标表

n	1	2	3	4	5	6	7	8	9	10	11
RI	0	0	0.58	0.9	1.12	1.24	1.32	1.41	1.45	1.49	1.51

对于矩阵 $\boldsymbol{A}$ 利用以上公式进行的检验称为一致性检验。

(4) 层次总排序及其一致性检验。层次单排序后，还需要进行总排序，即计算同一层次所有因素对于最高层（总目标）相对重要性的排序权值，称为层次总排序。这一过程是由最高层到最底层逐层进行的。层次总排序的一致性检验是从最高层到最底层进行的。设 P 层中的某因素对 C_j 的单排序的一致性指标为 CI，随机一致性指标为 RI，则 P 层总排序随机一致性比例为

$$CR = \frac{\sum_{j=1}^{m} a_j CI_j}{\sum_{j=1}^{m} a_j RI_j} \tag{5.2}$$

式中，a_j 是 $\boldsymbol{W}$ 的第 j 个分量，同样，当 $CR < 0.1$ 时，认为层次总排序结果具有满意的一致性。

5.5.2 指标权重的计算

将土地集约利用潜力评价作为目标层(A)，将此目标层又分为土地利用结构(B_1)、土地使用强度(B_2)、土地投入强度(B_3)、土地利用效益(B_4)四个准则层，把这四个准则层又分别划分为16个指标选项，作为评价体系的方案层(C层)(详见表5.1)。

选择合适的专家是做好层次分析法的关键环节，本研究的受访对象为20人，所选取的专家涵盖企、政、学、研等领域，排除一般随机取样非本领域的受访者。具体的受访专家为：企业家6位，政府行政人员7位，相关领域专家学者7位。将设计的大兴新区土地集约利用潜力评价指标体系层次咨询表以亲自送达或者发送电子邮件等方式向受访专家发出问卷，由这些专家通过两两比较重要程度的方法，对各层子元素对上层因素的重要性给予评分。问卷收回18份，回收率为90%。根据各位专家的咨询意见，构建出了土地集约利用潜力评价各个层级的判断矩阵。具体计算过程见表5.4至表5.9。

表5.4 评价准则层 *B* 对目标层 *A* 的判断矩阵和权重

A	B_1	B_2	B_3	B_4	权重值
B_1	1	4	2	3	0.472
B_2	1/4	1	2	2	0.221
B_3	1/2	1/2	1	1	0.163
B_4	1/3	1/2	1	1	0.144

计算得 $\lambda_{\max} = 4.242$，其对应特征向量的标准向量为

$$\boldsymbol{W} = [0.472 \quad 0.221 \quad 0.163 \quad 0.144]^{\mathrm{T}}$$

一致性检验：

$$C_4 = \frac{4.242 - 4}{3 \times 0.89} = 0.091 < 0.1$$

通过一致性检验，所以权向量 $W=[0.472\quad 0.221\quad 0.163\quad 0.144]^T$ 即认为是令人满意的。

表 5.5　评价方案层 C 对准则层 B_1 的判断矩阵和权重

B_1	C_1	C_2	C_3	C_4	权重值
C_1	1	3/5	3/4	3/2	0.218
C_2	5/3	1	3/2	2/1	0.359
C_3	4/3	2/3	1	3/2	0.258
C_4	2/3	1/2	2/3	1	0.165

计算得 $\lambda_{max}=4.011$，其对应特征向量的标准向量为

$$W=[0.218\quad 0.359\quad 0.258\quad 0.165]^T$$

一致性检验：

$$C_4=\frac{4.011-4}{3\times 0.89}=0.004<0.1$$

通过一致性检验，所以权向量 $W=[0.218\quad 0.359\quad 0.258\quad 0.165]^T$ 即认为是令人满意的。

表 5.6　评价方案层 C 对准则层 B_2 的判断矩阵和权重

B_2	C_5	C_6	C_7	C_8	权重值
C_5	1	1/3	1/2	2	0.172
C_6	3	1	2	3	0.452
C_7	2	1/2	1	3/2	0.247
C_8	1/2	1/3	2/3	1	0.130

计算得 $\lambda_{max}=4.097$，其对应特征向量的标准向量为

$$W=[0.172\quad 0.452\quad 0.247\quad 0.130]^T$$

一致性检验：

$$C_4=\frac{4.097-4}{3\times 0.89}=0.036<0.1$$

通过一致性检验，所以权向量 $W=[0.172\quad 0.452\quad 0.247\quad 0.130]^T$ 即认为是令人满意的。

表 5.7　评价方案层 C 对准则层 B_3 的判断矩阵和权重

B_3	C_9	C_{10}	C_{11}	C_{12}	权重值
C_9	1	2	2/3	2	0.291
C_{10}	1/2	1	1/2	2	0.193
C_{11}	3/2	2	1	3	0.391
C_{12}	1/2	1/2	1/3	1	0.125

计算得 $\lambda_{max}=4.063$，其对应特征向量的标准向量为

$$\boldsymbol{W}=[0.291\quad 0.193\quad 0.391\quad 0.125]^{T}$$

一致性检验：

$$C_4=\frac{4.063-4}{3\times 0.89}=0.024<0.1$$

通过一致性检验，所以权向量 $\boldsymbol{W}=[0.291\quad 0.193\quad 0.391\quad 0.125]^{T}$ 即认为是令人满意的。

表 5.8　评价方案层 C 对准则层 B_4 的判断矩阵和权重

B_4	C_{13}	C_{14}	C_{15}	C_{16}	权重值
C_{13}	1	5	5/3	5	0.531
C_{14}	1/5	1	1/3	1	0.106
C_{15}	3/5	1	1	3	0.256
C_{16}	1/5	1	1/3	1	0.106

计算得 $\lambda_{max}=3.828$，其对应特征向量的标准向量为

$$\boldsymbol{W}=[0.531\quad 0.106\quad 0.256\quad 0.107]^{T}$$

一致性检验：

$$C_4=\frac{3.828-4}{3\times 0.89}=-0.064<0.1$$

通过一致性检验，所以权向量 $\boldsymbol{W}=[0.531\quad 0.106\quad 0.256\quad 0.107]^{T}$ 即认为是令人满意的。

表 5.9　层次总排序计算结果

层次B / 层次C	B_1	B_2	B_3	B_4	层次 C 对层次 A 总排序权重值
	0.472	0.221	0.163	0.144	
C_1	0.218	0	0	0	0.102 9
C_2	0.359	0	0	0	0.169 4
C_3	0.258	0	0	0	0.121 8
C_4	0.165	0	0	0	0.077 9
C_5	0	0.172	0	0	0.038 0
C_6	0	0.451	0	0	0.099 7
C_7	0	0.247	0	0	0.054 6
C_8	0	0.13	0	0	0.028 7
C_9	0	0	0.291	0	0.047 4
C_{10}	0	0	0.193	0	0.031 4
C_{11}	0	0	0.391	0	0.063 7
C_{12}	0	0	0.125	0	0.020 4
C_{13}	0	0		0.531	0.076 5
C_{14}	0	0		0.106	0.015 2
C_{15}	0	0		0.256	0.036 9
C_{16}	0	0		0.107	0.015 4

计算得 $CR=\dfrac{\sum_{j=1}^{m} a_j CI_j}{\sum_{j=1}^{m} a_j RI_j}=0.033\ 2<0.1$，通过一致性检验。

5.6　大兴新区土地集约利用潜力评价

总体评价采用集约度模型法与总分值法相结合的评价方法，其原理是，假设某城市土地利用系统评价指标变量为 $U_i(i=1,2,\cdots,n)$，其值为 $X_i(i=1,2,\cdots,n)$，a_i，b_i 为系统稳定临界点上指标的上下限。根据协同论可知：① 系统处于稳定状态时，状态方程为线性；② 势函数的机制点是系统稳定区域的临界点；③ 慢驰豫变量在系统稳定状态时也有量的变化，这种量的变化对系统有序度有两种功效：一种是正功效，即慢驰豫变量增大，系统有序趋势增加；另一种是负功效，即慢驰豫变量增大，系统有序趋势减少[9-10]。因而，土地利用系统变量对系统有序的功能，可表示为

$$U_{A(u_i)}=\begin{cases}\dfrac{x_i-b_i}{a_i-b_i}, & U_{A(u_i)}\text{ 具有正功效时}(i=1,2,\cdots,n)\\ \dfrac{b_i-x_i}{b_i-a_i}, & U_{A(u_i)}\text{ 具有负功效时}(i=1,2,\cdots,n)\end{cases} \tag{5.3}$$

式中，$U_{A(u_i)}$ 为指标 u_i 对系统有序的功效；A 为系统的稳定区域。

那么，单项指标的得分值为

$$S_i=W_i\times U_{A(u_i)} \tag{5.4}$$

在确定了单项指标得分值的基础上，根据总分值-极限修正模型，对该地区的土地集约利用潜力进行评价[13]。总分值-极限修正模型中的总分值就是城市土地利用系统的功能效率，极限值则是评价指标的标准值或合理值，当系统功能中的一项或多项因素受到限制时，其综合集约度就会受到影响而降低。集约利用潜力指数的计算公式为

$$\lambda=\sqrt{\sum_{i=1}^{n}W_iS_i^2\times 100} \tag{5.5}$$

式中，λ 为土地集约利用潜力指数；W_i 为 i 指标的权重，其中 $\sum_{i=1}^{n}W_i=1$。

λ 表示反映土地集约利用潜力指数，数值越小，说明越接近合理的集约程度或合理利用程度，土地集约利用潜力越小。λ 介于 $0\sim1$ 之间，分为5个潜力等级。当 $0.8<\lambda\leqslant1$ 时，潜力等级最高，为Ⅰ级，土地集约利用潜力最大；当 $0.6<\lambda\leqslant0.8$ 时，属于潜力Ⅱ级，土地集约利用的潜力较大；当 $0.4<\lambda\leqslant0.6$，属于潜力级Ⅲ级，土地集约利用的潜力一般；当 $0.2<\lambda\leqslant0.4$ 时，属于潜力Ⅳ级，土地集约利用潜力较小，土地集约利用水平较高；当 $0<\lambda\leqslant0.2$ 时，属于潜力Ⅴ级，土地利用系统处于高度集约状态，土地集约利用潜力很小[14]，见表5.10。

在各项评价指标实际值和标准值都已确定的基础上，首先利用式(5.3)计算单项指标的功效值，然后根据各指标的功效值和因子的权重值，利用式(5.4)计算各项指标的得分值。

土地集约利用潜力有两种评价方法：一是将土地利用现状与规划(理想值)进行比较，分析其差值，进而利用特定模型确定土地集约利用潜力。二是将完成拆迁以后的土地利用状况与规划条件(理想值)进行比较，分析其差值，进而利用特定模型确定土地集约利用潜力。考虑到大兴新区是城市综合改造区域，在改造期间，要对部分建筑物进行拆除，完成拆迁之后的土地利用状况才能更准确地反映出区域土地集约利用的潜力，因此，选用第二种评价方法，将大兴新区完成拆迁以后土地利用状况与规划(理想值)进行比较，分析其差值，再用既定模型确定区域土地

集约利用潜力更为合理。在研究中,大兴新区土地集约利用潜力各项评价指标的实际值均是根据大兴新区"拆、改、留"方案完成拆迁以后的土地利用量化数值。

大兴新区土地集约利用潜力各项评价指标的实际值、标准值、功效值和指标得分见表 5.11。

表 5.10 土地集约利用潜力评价等级

潜力级别	潜力分值	等级含义
Ⅰ	$0.8<\lambda\leqslant 1$	土地利用粗放,土地集约利用潜力最大
Ⅱ	$0.6<\lambda\leqslant 0.8$	土地利用方式比较粗放,土地利用不集约,土地集约利用潜力较大
Ⅲ	$0.4<\lambda\leqslant 0.6$	土地集约利用基本达到要求,利用比较集约,但仍有潜力可挖,土地集约利用的潜力一般
Ⅳ	$0.2<\lambda\leqslant 0.4$	土地利用集约,土地集约利用潜力较小
Ⅴ	$0<\lambda\leqslant 0.2$	土地集约利用程度很高,很难挖掘土地集约利用潜力

表 5.11 大兴新区土地集约度评价指标表

评价指标	权重	现实值	标准值区间		功效值	指标得分
			最小值	最大值		
区域工业用地比例/(%)	0.102 9	18.28	0	25	0.731	0.075
区域仓储用地比例/(%)	0.169 4	16.90	0.83	20	0.838	0.142
区域特殊用地比例/(%)	0.121 8	1.15	0	1.25	0.920	0.113
区域绿地率/(%)	0.077 9	0.98	0.50	11.8	0.958	0.075
综合建筑密度	0.038	0.20	0.18	0.25	0.714	0.027
综合容积率	0.099 7	1.05	0.80	2.50	0.879	0.088
土地闲置率/(%)	0.054 6	4.3	0	5	0.860	0.047
地下空间利用率/(%)	0.028 7	1.2	1.0	10	0.978	0.028
基础设施完备度	0.047 4	0.6	0.4	1	0.666	0.032
公用设施完备度	0.031 4	0.6	0.4	1	0.666	0.021
地均固定资产投入/(万元/公顷)	0.063 7	1 320.85	1 000	2 500	0.772	0.052

续表

评价指标	权重	现实值	标准值区间		功效值	指标得分
			最小值	最大值		
人均道路广场面积/(m^2)	0.020 4	8.45	6.5	12.73	0.687	0.014
就业密度/(人/公顷)	0.076 5	80	70	150	0.875	0.067
单位土地面积 GDP/(万元/公顷)	0.015 2	5 625	5 000	20 000	0.958	0.015
单位土地工业总产值/(万元/公顷)	0.036 9	3 325	2 500	9 227	0.877	0.032
地均税收/(万元/公顷)	0.015 4	25.68	23.92	60	0.951	0.015

首先,根据公式 $\lambda=\sqrt{\sum_{i=1}^{n}W_iS_i^2}\times 100$,可以计算得出大兴新区土地集约利用潜力指数为 0.859,对应表 5.10,该地区的潜力级别是Ⅰ级,土地处于粗放利用状态,土地集约利用潜力很大。

其次,分析各个评价因素的集约潜力。其分析方法是将各个评价因素的权重值作为该评价因素的总分值,其内部各个指标得分值之和作为该项评价因素的得分值,分析得分值占总分值的比例,即得出单项评价因素的潜力指数,结果见表 5.12。

表 5.12　大兴新区土地集约利用单项因素评价结果表

评价因素	总分值	得分值	潜力指数
区域土地利用结构	0.472	0.405	0.858
区域土地使用强度	0.221	0.190	0.890
区域土地投入强度	0.162	0.119	0.735
区域土地利用效率	0.144	0.129	0.896

由表 5.12 可以看出,该区域土地利用结构潜力、土地使用强度潜力、土地投入强度潜力、土地利用效率潜力指数分别为:0.858,0.890,0.735,0.896。因此,大兴新区的土地集约利用水平有待提高,土地集约利用的潜力较大。

评价结果表明,大兴新区土地利用粗放,土地利用结构、土地利用强度、土地投入强度、土地产出效益水平较低,还有较大的潜力可挖。

参考文献

[1] 郭利平，沈玉芳. 新经济地理学的进展与评价[J]. 学术研究，2003(7):73-76.

[2] 邱竞，薛冰. 新经济地理学研究综述[J]. 兰州学刊，2008(4):76-80.

[3] 郑新奇. 城市土地优化配置与集约利用评价[M]. 北京:科学出版社，2004:42-47.

[4] 厉伟，但承龙，王启仿. 土地持续利用的五维空间分析[J]. 地域研究与开发，2002,21(4):42-45.

[5] 骆志军. 城市土地集约利用潜力评价研究[D]. 河海大学，2005:52.

[6] 周生路. 土地评价学[M]. 南京:东南大学出版社，2006:286.

[7] 何晓丹. 建设用地集约利用评价[D]. 浙江:浙江大学，2006:72.

[8] 何芳. 城市土地集约利用及其潜力评价[M]. 上海:同济大学出版社，2003:149-155.

[9] 张亚卿. 城市土地集约利用评价研究[D]. 河北师范大学，2005. 26-29.

[10] 侯景新，尹卫红. 区域经济分析方法[M]. 北京:商务印书馆，2004:226-230.

[11] 吴静. 城市土地集约利用的系统评价研究[D]. 南京:南京农业大学，2006:41-47.

[12] 层次分析法简介. [EB/OL]. http://www. shumo. com/forum/viewthread. php? tid=6872.

[13] 王伟华. 基于主成分分析法的城市土地利用集约度研究明[J]. 内蒙古农业大学学报. 社会科学版，2005(7):448-450.

[14] 李辉，吴中元. 土地集约利用的潜力评价分析—以天津市为例[J]. 中国市场，2007(11):11-13.

第六章　大兴新区土地集约利用效益研究

西安市委、市政府作出的以“皇城复兴”为重点的旧城改造、城中村改造、棚户区改造和工业企业搬迁决策，是贯彻落实国务院节约集约用地方针的有力举措。大兴新区综合改造涉及“三改一迁”中的旧城改造、城中村改造、棚户区改造和工业企业外迁改造等多个方面。

6.1　大兴新区工业企业搬迁、棚户区和城中村现状

6.1.1　大兴新区工业企业搬迁、棚户区和城中村现状

2007 年，大兴新区共有 11 家企业被列入西安市第一批搬迁改造计划，其中省属企业 3 家，市属企业 8 家；总占地面积 608.64 亩，其中划拨土地 548.38 亩(其中 470.68 亩为货币搬迁，77.7 亩为土地置换方式搬迁)，出让土地 60.26 亩，均为土地置换方式搬迁。2008 年，市上又将新区 37 家企业列为第二批搬迁改造企业，其中省属企业 11 家，市属企业 16 家，中央企业 1 家，其他企业 9 家，占地面积共 990.1亩，其中划拨土地 636.77 亩，出让土地 353.33 亩。

大兴新区的棚户区主要包括辖区企业的住宅区，或与工业企业穿插分布的大量低收入人群的聚居区，总占地 819.88 公顷(12 298.2 亩)。

大兴新区共有城中村 11 个，涉及莲湖区的丰禾村、白家口村、郭家口村和未央区的大白杨东村、大白杨西村、小白杨村、李上壕村等七个行政村以及任家口村、五一村、潘家村、李下壕村四个村的“飞地”、“插花地”。大兴新区共有集体土地 49 宗，面积约 118 公顷(1 770.80 亩)。大部分城中村四周已被城市建成区包围，但仍保留农村管理体制；缺乏统一规划，建筑密度大，居住人口复杂，环境条件恶劣，存在严重的消防及抗震等安全隐患；房屋建设不符合城市总体规划布局，土地资源浪费现象严重。

6.1.2 成因分析

1. 城市化进程加快的产物

近年来，西安市城市建成区范围不断扩大，大兴新区的区位优势逐渐凸显。但因新区内存在大量高耗能、重污染、不符合城市规划和安全生产的工业企业和仓储物流企业；有些企业生产的产品无市场，处于停产或半停产状态；有些企业严重资不抵债，濒临破产，严重影响区位优势的发挥。由于低洼旧城区和城中村改造缓慢，随着城市化进程的推进，城市建成区范围内穿插了大大小小的棚户区和城中村。

2. 招商引资困难

由于历史原因，大兴新区存在大量棚户区。前些年，棚户区改造优惠政策较少，受容积率、安置用地等各种条件的限制，存在开发利用难度大、投资高、周期长、产出少的特点，大部分投资主体不愿介入改造，形成招商引资难的局面。

3. 开发商及村民行为短期化倾向

随着城市化进程的推进，城市空间不断扩大。征收土地是满足城市空间扩展需求的有效途径。但在征收土地时，一方面，开发商在经济利益的驱使下，选择开发成本较低的耕地和空闲地，避开开发成本较高的农村宅基地；另一方面，村级组织和村民在短期利益的吸引下，接受了这种“征地不征村”的做法。这些行为加大了城中村改造的成本和难度。

6.2 大兴新区工业企业搬迁、棚户区和城中村改造分析

6.2.1 全国工业企业搬迁、棚户区和城中村改造方式及经验

1. 全国工业企业搬迁方式

自党的十六大提出产业布局和结构调整的战略以来，武汉、长春、沈阳、杭州、成都、西安等地都从各地工业企业的现状出发，制定了工业企业搬迁改造的政策措施，保障工业企业搬迁改造工作顺利推进。

武汉市对工业发展严格限制区（一环路以内地区）和工业发展限制区（一环路以外、二环路以内的地区）内的环境污染型工业企业实施易地改造，在限制区内发展第三产业或都市型工业。长春市对市区（双阳区除外）市属以下的国有、集体工业企业进行搬迁调整，针对不同类型企业采取相应的搬迁方式，要求利用5年左右的时间基本完成企业搬迁；同时，搬迁企业的建设要与开发区规划建设相结合，形

成高标准、专业化、配套合理的工业格局。沈阳市铁西区以“东搬(铁西区)西建(经开区)”、“壮二活三”、“搬迁、并轨、改造、升级、就业”为指导思想，实施了以“系统性、整体性、协调性和彻底性”为特点的老工业区搬迁改造。杭州市政府制定了企业搬迁改造的重大政策和搬迁计划，对市区范围内市属工业企业进行搬迁。一是按照“一厂一策”原则，研究、协调、解决企业搬迁过程中的重大问题；二是制定城区(不含萧山、余杭区)工业企业搬迁操作程序指导意见，明确搬迁计划、搬迁企业选址、开展搬迁评估、确定搬迁补偿资金、签订搬迁协议、企业新址建设、原址交地等内容。成都市对调整区域内的污染严重企业、高耗能企业和大运输量企业实施搬迁改造；同时遵守“一般性工业企业服从城市规划主动实施搬迁改造，严重亏损、资不抵债、不能偿还到期债务、扭亏无望的企业实行依法破产”的原则。西安市主要采用政府主导性和政府引导性搬迁改造两种模式对二环内及二环沿线工业企业进行搬迁改造，形成了主导性搬迁、引导性搬迁、适时搬迁、改制改造性搬迁、关闭破产等五种搬迁方式。

2. 棚户区改造方式

2008 年 11 月，国务院常务会议确定了扩大内需、促进经济增长的十项措施，提出要加快建设保障性安居工程，加大对廉租住房建设支持力度，加快棚户区改造，实施游牧民定居工程，扩大农村危房改造试点。近年来，我国棚户区改造取得显著成绩，各地区针对城市、地区特点选择合适的棚户区改造模式，其中，东北三省、济南市、长沙市和西安市最为典型。辽宁省采用“政府主导，市场运作”的棚户区改造模式，对于改造任务重的城市，由市、区两级政府分级负责，市政府为投资主体，各区政府为责任主体[1]；黑龙江省大庆市本着改善城市面貌、服务油田生产、改善居住环境、提高城市品位的宗旨，根据“东移北扩”的城市规划方针和全市住宅开发规划，采用政府组织、企业实施、政策引导、市场化运作的方式，全力推进棚户区改造[2]；济南市棚户区改造时突出政府的公共服务职责，坚持以政府为主导的工作思路和运作模式，由政府负责组织棚户区改造项目前期的规划策划、拆迁安置、安置房设计等工作，充分体现政府的责任和使命[3]；长沙市创造了“三角洲模式”，改造项目主体、项目本身、项目融资、项目经营全面实行市场化[4]。

3. 城中村改造方式

城中村改造是一项极为复杂的系统工程，涉及经济、社会、文化、政治等多方面因素，关系到政府、投资主体、村集体、村民多方利益，需制订详细的计划和相关的政策保证。目前，全国城中村改造现实状况和存在的问题不同，改造的方式和方法也多种多样。

(1)广东南海方式[5]：

在有形改造方面，通过对旧村居、旧物业、旧城镇的“三旧改造”，挖掘潜力，拓展空间，寻求新的资源，实现南海社会经济的可持续发展。为了进一步加快改造步伐、优化成效，南海区“三旧”改造工作按照“区级统筹、政策扶持，镇街组织、市场运作，村居实施、各方受益”的工作思路，坚持高标准规划和产业引领等原则，做到改造同产业提升、环境改善及村组收入增加相结合，出台了《关于加快推进旧城镇旧厂房旧村居改造的若干意见》，从指导思想和原则、目标任务、扶持政策、改造措施、组织领导和职责分工等5方面对今后工作作出明确的指导。《关于加快推进旧城镇旧厂房旧村居改造的若干意见》中最有特色的是设立专项扶持资金，即南海区政府设立“三旧”改造专项扶持资金，2008—2009年每年安排3 000万元用于扶持重点项目改造。经区政府认定的“三旧”改造重点项目，用地手续齐全且不涉及土地出让的，项目所在镇街将获得补贴，补贴标准为：按拆迁建筑占地面积补贴25元/平方米（以拆迁补偿协议的建筑占地面积为准）。经区政府核定的“三旧”改造项目可获得土地出让金返还，属出让为经营性用地的，按核定的拆迁建筑占地面积土地使用金的70%返还镇街；属出让为国有土地工业用途的，按拆迁建筑占地面积土地使用金的75%返还镇街。返还资金只能用于村民的社会保障支出、农业土地和物业开发建设等，不得分配到村民个人。

在无形改造方面，一是实行分区规划，进行农田保护区、工业发展区、商业住宅区“三区”规划。二是实行集体净资产及土地折价入股。按照土地折股量化的依据，分为以政府规定的征地价为依据折股、以经营各类耕地的经济效益为依据折股和综合考虑各种要素折股三种方法；所有的股份合作组织都是以社区户口为准则确定配股对象，按股权比例分红；所有进行农村股份合作制建设的村社，制定章程，按规定产生董事会、监事会等组织机构，确定股东的权利与义务，实行“固化股权，出资购股，合理流动”或者“生不增，死不减”，允许股权在社区范围内流转、继承、赠送、抵押。

(2)上海市虹桥镇方式[5]：

在有形改造方面，由于上海市和闵行区市、区两级政府新颁布的动迁安置政策与原来的动迁安置政策有根本的区别，即新政策是按实际有证建筑面积计算动迁补贴的（当地俗称“砖头”），老政策是按人均标准建筑面积计算动迁补贴的（当地俗称“人头”）。闵行区列入村宅改造的虹桥镇的农民私房建造早已冻结，有许多农民实际私房面积少于规定的面积。为体现公平性，虹桥镇采取新老拆迁政策相结合的办法。在补偿方式上，采取“人头、砖头”相结合安置的模式。根据上海市闵行区政府8号文，结合原实行的人均安置面积，实行实际有证面积和按人均安置的标准面积相结合的办法，即实际有证建筑面积超过认定面积的，按实际有证面积进行计算;实际有证建筑面积不足认定面积的,按认定面积计算,不足认定面积的私房重置价格补贴相应扣除,最终确定虹桥镇为135平方米/户。在安置方式上,一是采取以房换房的安置方式,在改造地块上直接建造动迁安置公寓,让动迁户直接搬入安置公寓内,减少直接的货币支出。二是采取现金安置方式,对动迁户不需要以动迁房安置的,或镇、街道不规划建设动迁安置房的,直接以现金方式安置。在动迁成本方面,根据拆迁补偿安置政策,结合不同地段、不同补贴标准、不同安置面积,以及不同附着物和其他补贴,确定平均每户补偿总额最高近70万元,最低为50多万元。

在无形改造方面,一是撤销全部生产队建制,完成户口农转非,集体资产属于集体经济组织全体人员集体所有;二是资产处置同完善股份合作制相结合,以股权形式处置集体资产。遵循"公开、公平、公正"的原则,集体资产的评估、处置,股份合作制方案的完善,都经股东代表会议讨论通过;特设经济责任风险股,共分为职工股、条线干部股、公司董事股、副董事长股、副总经理股、董事长股。职工退休、干部调整职务应按规定档次退还责任风险股;公司新进劳动力(股东)和新上任的干部,应按规定档次投足责任风险股金额。在坚持股权兑现的原则下,股东的资产处置股权可以出让获得现金,也可以投入现金、受让股权,除了在税后净利润中提留法定的公积金10%和公益金10%,再提留一般不少于10%的任意公积金用于还贷、发展再投资或以丰补歉,确保股东红利分配的稳定性。

(3)珠海方式:

在有形改造方面,珠海市在城中村改造中坚持"市场运作为主导,政府给予政策补助"的原则,政府不直接投资改造,而是巧用市场之手,通过定原则、定规划、给政策,引入竞争机制,吸引房地产商投资旧村改造。珠海市对房地产开发商最主要的优惠政策是"拆一免二至三",即根据旧村的区位、拆迁量,每拆1平方米的房屋,可免交2~3平方米建筑面积的地价,并减免相应的项目报建等费用,确保开发商获得25%以上的合理利润。开发商的开发总量中,1/3用于旧村民回迁,另外2/3作商品房经营。为提升新村档次,珠海市在招标阶段就引入"规划最优"概念,规划设计要以优取胜,带动了全市房地产开发档次的提升。借政策之力改造城中村是珠海开展城中村改造的重要举措和成功经验,这种探索和实践也为进一步推动公共设施与服务市场化改革提供了借鉴[6]。

在无形改造方面,为彻底解决城中村问题,珠海市将城区62个行政村全部改成居委会。村委会改居委会的工作包括三大内容:即原村集体资产处置、人员安置和管理事务移交。对于原村集体资产的处置,如桥梁、道路等非经营性资产将由市政府统一管理，剩下的经营性资产将全部量化到每个村民并以股权形式体现，成立股份合作公司管理经营集体资产；对于原村委、支委成员的安置，男、女年龄分别在45岁、40岁以下的可参加居委会干部竞争上岗，一部分可进入原村的股份合作公司，还有的可经劳动就业部门免费培训后再就业；而原村的管理事物，将在处置好集体财产和充实居委会人员后进行移交。由此，珠海市在城中村的改造方面逐步实现了“五大转变”：一是在户籍方面，旧村居民转变为城市居民；二是在土地方面，旧村集体土地转变为国有土地；三是在管理体制方面，村委会转变为居委会；四是农村集体经济组织转变为城市股份经济实体；五是物质形态方面，城中村转变为公共配套完善、环境优美的城市文明社区。

4.全国工业企业搬迁、棚户区和城中村改造经验及启示

(1)政府提前规划，分步实施。

各地在实施“改旧”工程中，为改善城市环境，优化产业结构，加快工业结构调整步伐，普遍把搞好规划作为开创新业的先导。企业实施搬迁调整遵循城市总体规划和环境保护规划，坚持合理布局、协同配合，确保资产保值增值，用5～10年时间做好企业搬迁工作。在城中村改造中，为了避免高成本的城中村改造，及早规划，提前进行人员分流及安置。对基础条件比较好的村庄，保留基本居住形态和生活方式，完善基础设施和公共设施，使其成为原生态都市村庄，既缩小了城乡差别，又保留了地域文化特色，避免改造后仍是高密度的结果，同时打破封闭的文化心理，使村民融入到现代化的都市文明之中。

(2)政府、投资主体和权利主体三者利益的统一。

社会效益要强调公平、持续，功能要符合城市规划和城市发展的要求，经济要突出土地资产经营、自我提升、可持续经营，环境要着重改善提高，文化要注意保护和弘扬。企业搬迁、棚户区和城中村成功改造的关键是把广大群众的利益放在首位，处理好政府、权利主体、投资主体三方的利益平衡关系。政府要加大对农村的建设管理，通过建立健全法律法规，保障建设及规划有序进行。

(3)规范化的市场运作。

企业搬迁、棚户区和城中村改造无论采取何种方式，都会涉及土地的征收与储备、房屋的拆迁与重建、基础设施的改造与新建、集体资产的评估、集体经济组织的改制、改制后的公共管理支出等诸多环节，需要大量的资金投入，仅靠单方投资或依赖政府支持是远远不够的，必须充分调动多方资源，实行多元化融资。例如，在城中村改造中，投资主体介入会为改造注入新的活力，参与征地、拆建、安置等事

务，按市场化方式进行综合开发，不仅可以解决资金问题，还可以刺激房地产发展。由于城中村改造及综合开发的特殊性、复杂性和艰巨性，遴选并强化参与改造的开发商的社会责任显得尤为重要，并且成为城中村改造成功与否的关键。

虽然我国企业搬迁、棚户区和城中村改造取得了一定的成绩，总结了一些经验，但也存在一定的问题，如资金短缺严重影响着改造的速度和规模；许多大城市片面强调住宅更新，忽视了当地经济发展和居民生活来源等问题的解决，结果导致改造工作难以顺利进行，或留下后遗症。

6.2.2 西安市工业企业搬迁、棚户区和城中村改造方式及经验

1. 西安市工业企业搬迁方式及经验

西安市二环内及二环沿线有工业企业 364 户，总占地面积 18 840 亩，其中，生产经营性占地面积 12 943 亩；职工 92 319 人，退休职工 61 764 人；资产总额 302 亿元，负债总额 194 亿元，银行贷款 20.5 亿元。目前，正常生产的有 245 户，占地面积在 10 亩以上的有 230 户。

根据《西安市二环内及二环沿线工业企业搬迁改造实施办法》（市工调办发〔2008〕1 号），西安市将集中几年时间对二环内及二环沿线的工业企业实施搬迁改造，逐步搬出中心市区内的工业企业，进入相应的开发区和工业园区发展阶段，实现中心市区城墙内无工业生产企业，二环以内及二环沿线基本无污染的工业企业。到“十一五”末，基本完成政府主导性搬迁企业的搬迁改造，政府引导性搬迁企业力争完成 50%。到 2015 年，逐步完成其余企业的搬迁改造任务。

按照统一规划、分步实施，先易后难、稳步推进，入园进区、产业集聚，节约资源、降低成本等原则，对二环内及二环沿线工业企业实施搬迁，主要有 5 种搬迁方式：①主导性搬迁。对城墙内的工业企业和二环内及二环沿线高耗能、重污染、不符合城市规划和安全生产的工业企业实施政府主导性搬迁。②引导性搬迁。对二环内及二环沿线有搬迁意愿的工业企业，实施政府引导性搬迁。③适时搬迁。对二环内及二环沿线确因特殊情况暂时无法搬迁的部分中央、省属及军工企业，政府相关部门要按照城市规划搞好周边环境的建设；企业内部要实施清洁生产，同时做好适时搬迁准备。④改制改造性搬迁。对资产大于负债，且产品有市场、生产经营正常的企业，鼓励其进行改制、改造，增强自主创新能力转变增长方式，扩大生产规模，提高企业的市场竞争力。⑤关闭破产。对产品无市场、停产或半停产、严重资不抵债的企业，实施关闭破产。

在搬迁改造过程中，实施政府主导性和政府引导性搬迁的企业，实行土地出让金先征后返的政策。凡由企业自行解决搬迁资金的，其土地出让金留给搬迁企业；凡由市土地储备中心或市工业资产经营公司垫资搬迁的，其土地出让金留给垫资方。上述两种方式中返还土地出让金的5%留给市搬迁办，统一用于搬迁企业进行结构调整和技术改造。企业土地出让所得全部用于企业发展，其他有关规定费用全部免交。

2.西安市棚户区改造方式及经验

自2007年3月24日西安市启动棚户区改造以来，已经对全市18处棚户区进行了拆迁改造。西安市棚户区改造在模式选择上多与城中村改造模式相似，主要有以下两种方式：①引入投资主体市场化运作改造方式。该方式由政府负责改造项目的总体策划，由投资主体按照市场原则实施项目，并依据政府制定的优惠政策，开发“毛地”，负责补偿安置居民。政府主要是帮助协调拆迁，创造建设环境，制定政策措施。这种方式有利于吸收社会资金，解决资金瓶颈问题，但因赋予投资主体建设的权力，可能导致投资主体不能按时履行其与政府之间的合同约定，存在恶意降低回迁住房和配套设施的质量标准，延误回迁住房工期等问题。②以政府为主的改造方式。政府全面负责棚户区改造的所有工作，这有利于维护被拆迁居民的利益，但是拆迁资金、安置资金、建设资金成为棚户区改造的瓶颈问题。棚户区改造工程中，“一个以构筑和谐城市为目的强势政府”是必要的[7]，但是一定要区分政府的“组织”作用而非“主导”作用，否则行政权力过多参与具体项目的实施，必将使项目融资渠道受到限制，增加公共财政压力。

3.西安市城中村改造的方式及经验

自2007年西安市城中村改造办公室正式成立以来，政府以科学发展为统领，在思路上求创新，在体制上求突破，在方法措施上求拓展，把城中村改造当做改善民生、保障人民群众生命财产安全的“民心工程、民生工程、幸福工程”。现在，西安市基本形成了“政府主导、市场运作、以人为本、整村拆除、安置优先、有形无形改造并重”的城中村改造方式。

(1)城中村改造实施主体。

根据城中村改造中承担的职责，城中村改造的实施主体包括权利主体、投资主体和管理主体。权利主体是指集体土地所有权的主体，即村组集体经济组织。投资主体是城中村改造的投资者。投资者可以是城中村改造的权利主体，也可以是政府通过招商引资方式引进开发商。前者主要是集体经济组织实力较强，可以自行进行城中村改造的集体经济组织；后者主要是指资金短缺、村集体经济组织实力较弱的村为实施城中村改造而引进的开发商。管理主体是指市、区（县）人民政府以及各级城中村改造管理部门，主要承担政策研究和制定、项目包装、组织拆迁、综合协调、招商引资等职责。

（2）城中村改造方式的分类。

按照改造主体，城中村改造方式可分为由城中村权利主体实施的城中村改造和由建设项目法人主体实施的城中村改造。由权利主体实施的城中村改造是指由土地所有权主体即村组集体经济组织实施的城中村改造。由建设项目法人实施的城中村改造，包括四种城中村改造类型：①各级政府因城市基础设施建设需要实施的城中村改造；②政府为兴建公共管理与公共服务事业实施的城中村改造；③政府为土地储备实施的城中村改造；④政府以外的项目建设单位为取得土地实施的城中村改造。

按照投资主体，城中村改造方式可分为四种：①由村组权利主体自筹资金实施的改造；②由政府或土地权利主体通过招商引资以“土地＋资金”的合作模式实施的改造；③由政府因公共利益需要直接投资的改造；④由政府实施的土地储备、土地一级开发的改造。其中，通过招商引资“土地＋资金”合作模式实施的城中村改造方式是西安市和中西部城市普遍采用的方式。对于上述几种改造方式，可以根据城中村改造的具体情况进行选择，也可选择几种方式相结合进行。通过归纳西安市的具体实施情况，目前西安市主要有6种改造方式。一是由村集体经济组织自筹资金实施的自我改造，如莲湖区李家庄、五一村等城中村均采用了这种方式。二是政府通过土地储备进行土地一级开发实施的城中村改造，如大兴新区白家口村综合改造和即将实施改造的三民村均采用这种改造方式。三是通过招商引资以“土地＋资金”合作模式实施的城中村改造，如莲湖区任家口村、杨家围墙村、陈家寨村均采用这种方式。四是政府以基础设施建设为载体和目的的城中村改造方式，如莲湖区唐延路道路拓宽，新桃园村城中村改造均采用这种方式。五是项目建设单位为实施经营性项目进行的城中村改造，如大唐西市建设中东桃园村即采用这种改造方式，这种方式是按照招商、拆迁、土地确权和审批等法定程序，将原集体所有的土地转为国有建设用地，以划拨方式留足村民的安置综合用地后，剩余的土地按照开发商的投资数额，依法通过招拍挂方式出让给开发商一定面积的国有建设用地使用权。六是政府为兴建公共管理与公共服务事业实施的城中村改造，如安定村为建设儿童医院进行的城中村改造等。

(3)西安市城中村改造经验。

西安市城中村改造经过几年的探索和实践,为解决大城市发展中的遗留问题、加快城市化进程探索出了一条新路,促进了城市管理理念和管理方式的积极转变。

1)为城中村改造提供充分的法律和政策优惠保障。

西安市相继出台了《西安市城中村改造管理办法》、《西安市人民政府关于加快城中村改造工作的意见》、《西安市城中村村民房屋建设管理办法》、《西安市人民政府关于城中村无形改造工作有关问题的通知》等文件。这些政策法规的起草制定和颁布实施,确立了西安市改造工作政策法规体系的框架,为规范实施改造工作提供了政策法律依据。同时采取灵活措施,解决瓶颈问题,落实优惠政策,营造良好的改造投资环境。一是把涉及城中村的土地出让金、城建配套费等作为专项资金,全部用于改造;二是按照相关法律法规,以确权方式解决城中村改造中的集体土地转性问题;三是明确城中村改造开发项目既可享受《西安市人民政府关于恢复房地产业发展的若干意见》(市政发〔2008〕87 号)文件规定的优惠政策,同时也可按照改造政策享受城建费用减免等一系列优惠政策。

2)坚持政府主导、市场运作、整村拆除、安置先行的原则。

城中村改造是多方利益的博弈过程,"政府主导"可以统筹协调和有力保障各方利益。"政府主导"是指各区城改办要把好开发商准入关,为各村改造准确定位,统一策划招商,编制规划和改造方案,实施拆迁,负责回迁安置和无形改造工作。这有利于政府把握改造主导权和方向,有效遏制了城中村改造中的无序混乱行为。城中村改造资金需求量大,坚持以"市场运作"为主渠道,通过招商为改造项目提供资金是解决资金问题的有效途径之一。各区通过精心策划包装,主动招商、以商招商等多种方式,立足"大招商、招大商",采取有效措施,努力营造"留商、安商、扶商"环境,吸引实力强、信誉好的大型房地产企业参与城中村改造。

"整村拆除"是城中村改造的标志,是改造的先决条件,没有整村拆除不是真正意义上的改造。整村拆除工作由各区城改造办具体负责,市城改办本着"三不拆"原则,即没有控规不拆,没有方案批复不拆,没有缴纳安置楼建设监管资金不拆,在执行中严格审查。在改造工作中,市区两级紧紧围绕整村拆除开展工作,使整村拆除强势推进。"安置先行"是指在整村拆除之后,首先建设安置楼。在加快整村拆除的同时,把安置楼建设作为保障村民合法权益、维护社会稳定的重中之重来抓;同时,安置楼建设在符合方案、规划、消防、质量要求的前提下,可先行动工,未办理相关手续时,不予处罚。为确保安置楼建设顺利推进,落实安置回迁责任,各责任单位制订了安置回迁计划，倒排工期，做到当年拆迁，当年建设；在下达方案批复前落实安置用地和资金，实行市区两级监管安置资金；同时加大政府投入，以多种方式拓宽安置楼建设渠道。

3)注重有形无形并重，实现同步改造。

城中村改造，不是简单的拆旧建新，是有形与无形改造同步推进、互相促进，实现彻底意义上的改造。有形改造是基础，无形改造是目的。通过无形改造彻底消除城中村“二元”管理体制，将村民社会保障纳入到城市就业和社会保障体系中，并引导其转变生活方式、思想观念和意识形态，让广大村民从生活形态到思想意识真正融入到现代城市文明中。西安市政府为了推进无形改造，下发了《关于城中村无形改造工作有关问题的通知》、《城中村无形改造工作方案的通知》等文件，明确了目标任务、组织领导、实施的基本程序。

4)坚持公开、公正、公平，保证村民的利益。

一是综合考虑村民和投资主体利益、城中村所处区位、人口等多方面因素，科学编制改造项目控制性规划，容积率定在3～6之间，特殊情况由市级领导召开召集专题会议审定。二是由区城改办负责组织编制改造工作方案。改造方案必须征得85%以上村民同意，通过聘请专家教授评审、召开方案论证会等方式，确保方案的科学性和可行性。三是拆迁过程公开透明。通过逐户发放拆迁政策手册、入户宣讲、现场答疑等途径，让被拆迁群众全面掌握城中村改造政策。拆迁时，拆迁现场要设立咨询接待室，由工商、税务、司法、水电、信访等多部门现场办公，做到人性化服务，为顺利实施拆迁打好基础。实践证明，只有整个改造过程都做到公开、公正、公平，才能赢得村民支持拥护，城中村改造工作才能顺利推进。

5)注重防患于未然，严查城中村违法建设。

一是针对城中村违规建设行为，抽调专人组成综合整治监察大队，加大执法力度，坚决取缔没有审批方案假借“城中村”之名实施的非法开发项目。对方案已审批、并已开工建设但手续不完备的改造项目加强政策引导，规范改造行为。加强源头控制，堵住各种非法建设的口子，从根本上解决和遏制改造秩序混乱的局面，确保改造工作规范、健康发展。二是借助各种宣传手段，定期对社会公布已批复改造项目名单，防止有人借城中村改造之名，行非法房地产开发之实。三是注重维稳工作，形成市、区和相关工作部门齐抓共管的信访维稳互动机制，及时发现和解决问题，将矛盾化解在基层，营造良好的城中村改造氛围。

6.2.3 大兴新区工业企业搬迁、棚户区和城中村改造方式

1. 大兴新区工业企业搬迁方式

根据《西安市土地储备条例》(西安市人民代表大会常务委员会公告第32号)、《西安市工业发展和结构调整行动方案》(市办发〔2006〕30号)、《西安市二环内及二环沿线工业企业搬迁改造实施办法》(市工调办发〔2007〕22号)和《莲湖区贯彻落实西安市工业发展和结构调整行动方案的实施意见》(莲政发〔2007〕1号)等文件,结合大兴新区范围内工业企业搬迁改造计划,新区内工业企业搬迁采用政府主导性搬迁或引导性搬迁方式。企业具体搬迁操作流程如图6.1所示。

搬迁企业经主管部门审核同意后向管委会改造办提出搬迁改造申请,并提交改造方案及相关资料,包括土地证、房产证等相关证件,主管上级同意搬迁的批复,企业搬迁改造备案的申请,其他关于企业资质、营业执照、税务登记等证件和企业职代会(股东会)通过的搬迁改造决议等相关文件。管委会改造办通过受理→初审→会审→审定→上报→实施等6个环节在15个工作日内办理完毕。若审核通过,报西安市主管部门审批。

2. 大兴新区城中村改造方式

近年来,莲湖区委、区政府根据《西安市城中村改造管理办法》(市政发〔2007〕129号)和《西安市莲湖区人民政府关于印发莲湖区城中村改造准入制度的通知》(莲政发〔2008〕1号)等文件精神,确定了"政府主导、科学规划、市场运作、综合改造、利民富民"的原则和"分类指导、重点扶持、强化管理、积极推进"的思路,采用有形改造和无形改造同步推进,保障大兴新区城中村改造顺利进行。

大兴新区城中村改造方式具体如下:由改造村依据城中村改造条件提出申请,并提供相关资料,包括经村民大会或村民代表大会形成同意实施城中村改造决议及同意集体土地转国有土地决议,请求列入改造计划的申请,村民表决同意的城中村改造初步实施方案,改造村所在街道办出具的同意改造的相关文件等,经所在街道办事处同意后报管委会改造办。管委会改造办在10个工作日内通过受理→初审→会审→审定→上报等5个环节办理完毕。若审核通过,上报市城改办审批。

3. 大兴新区棚户区改造方式

大兴新区棚户区改造方式与城中村改造方式基本相同,坚持"政府主导、市场运作"的原则,通过加大招商力度,制定优惠政策,吸引开发商投资棚户区改造。

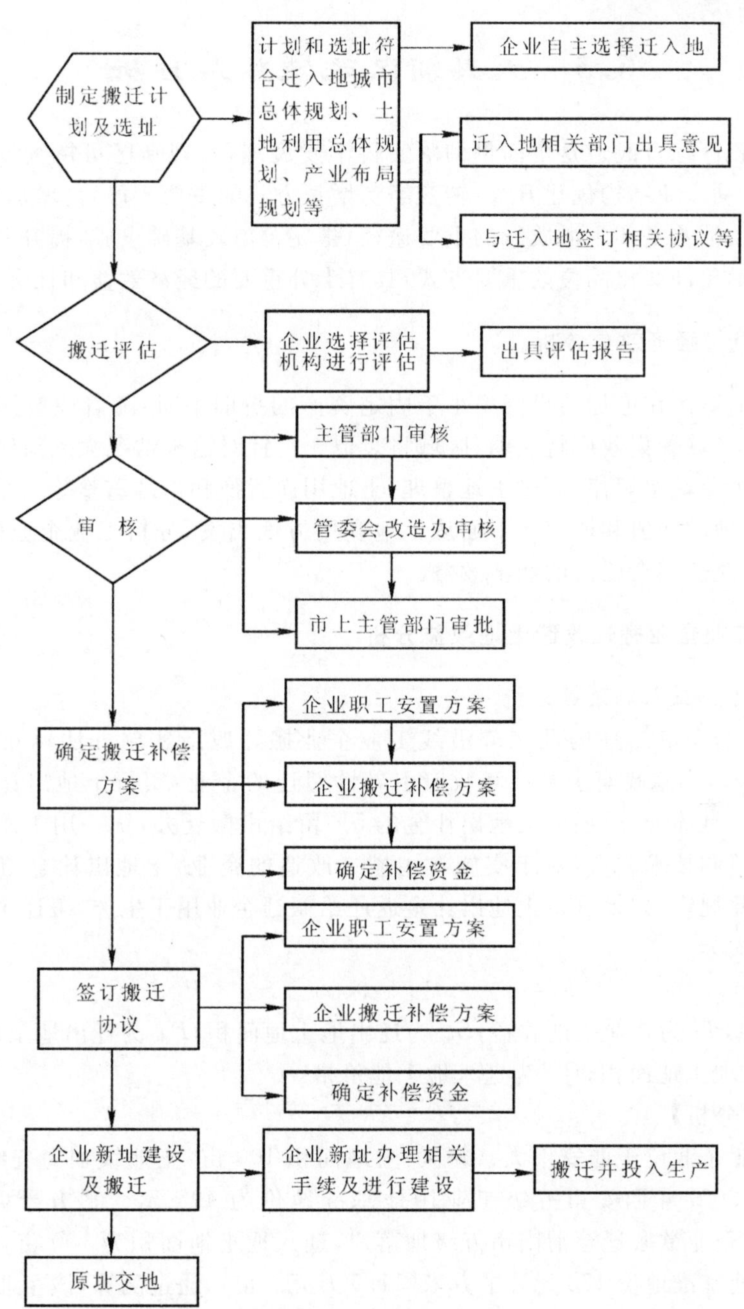

图 6.1　大兴新区企业搬迁操作流程图

6.3 大兴新区改造效益分析

大兴新区综合改造是全面贯彻落实科学发展观，实现新区可持续发展的重要举措，是推动产业结构优化升级，转变经济增长方式的重要手段，是增加就业岗位，提高群众生活水平和生活质量的重要途径，是完善市政基础设施，提升西安城西区域的城市形象和文化品位的重要方式，具有十分重要的经济效益和社会效益。

6.3.1 经济效益分析

如果旧城区在追加的投资率小于固定资产的折旧率时，随着原有固定资产的损耗增加，区域聚集效应将减弱、区域将衰退[8]。针对这种情况大兴新区综合改造运用土地级差地租规律，通过土地整理、土地用途置换和街区重整等一系列改造活动，实现土地的保值和增值。下面从土地利用方面出发，分析工业企业搬迁、棚户区、城中村改造三个层面的经济效益。

一、工业企业搬迁改造土地效益分析

1. 搬迁企业土地效益分析

根据《西安市二环内及二环沿线工业企业搬迁改造实施办法》(市工调办发〔2008〕1号)，实施政府主导性和政府引导性搬迁的企业，实行土地出让金先征后返的政策。具体为：返还的土地出让金的5%留给市搬迁办，统一用于搬迁企业进行结构调整和技术改造，对于实施自主搬迁改造的企业，土地出让金留给搬迁企业。根据此规定，如果剩余土地出让金返还给搬迁企业用于生产，搬迁企业土地收益计算公式为

$$T_1 = S_{出} \times P_{出} \times 95\% - S_{入} \times P_{入} \quad (6.1)$$

式(6.1)中，T_1 为企业土地收益；$S_{出}$ 为迁出地土地面积；$P_{出}$ 为迁出地土地出让金；$S_{入}$ 为迁入地土地面积；$P_{入}$ 为迁入地土地价格。

【案例分析】

某工业企业位于西安市大兴新区，土地面积100亩，土地级别为五级，土地用途为工业，2007年西安市五级工业用地基准地价为495元/平方米(33万元/亩)。现该企业欲搬迁至渭南市五级地落户，迁入地土地面积为100亩，2009年渭南市五级地基准地价173元/平方米(11.5万元/亩)，通过测算，该企业最少可以得到土地搬迁改造费用2 455.25万元。具体测算步骤如下：

(1) 测算 $P_{出}$。

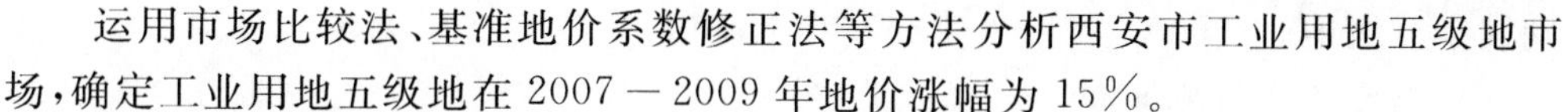

运用市场比较法、基准地价系数修正法等方法分析西安市工业用地五级地市场，确定工业用地五级地在 2007－2009 年地价涨幅为 15%。

按照最低基准地价测算，有

$$P_{出} = 33 \times (1 + 15\%) = 37.95 \text{ 万元 / 亩}$$

(2) 确定 $P_{入}$。

根据 2009 年 12 月 8 日渭南市人民政府公告的渭南市基准地价，渭南市 2009 年工业用地五级地地价为 173 元 / 平方米(11.5 万元 / 亩)，即 $P_{入}$ 为 173 元 / 平方米(11.5 万元 / 亩)。

(3) 测算企业土地收益 T_1。

$$T_1 = 100 \times 37.95 \times 95\% - 100 \times 11.5 = 2\ 455.25 \text{ 万元}$$

则该企业最低可以得到土地搬迁改造费用为 2 455.25 万元，每亩土地可得到 24.552 5 万元搬迁改造费用。

2. 政府土地收益分析

按照区域规划，西安市大兴新区工业企业搬迁后腾出的经营性工业用地将转变为商业、居住、综合和市政项目等用地。这种土地性质的转变将为政府带来一定的土地收益，为政府完善基础设施、改变区域环境提供了资金保障。政府土地收益测算：

$$T_2 = S \times (P_2 - P_1) \tag{6.2}$$

式(6.2)中，T_2 为政府土地收益；S 为企业腾迁的土地面积；P_2 为改变用途后土地的价格；P_1 为改变用途前土地的价格。

根据上述公式，政府通过改造大兴新区获得的土地收益为 5 645 万元，具体测算过程如下：

根据 2007 年西安市土地基准地价，住宅用地是指含普通住宅、公寓、别墅用地，以及以居住为主的住宅与工业或商业等混合用地，且五级居住用地基准地价为 1 200 元 / 平方米(80 万元 / 亩)。运用市场比较法、假设开发法等方法分析西安市住宅用地五级地市场，测算出 2007－2009 年住宅用地地价涨幅为 18%，则有

$$P_2 = 80 \times (1 + 18\%) = 94.4 \text{ 万元 / 亩}; \quad P_1 = 37.95 \text{ 万元 / 亩}$$

$$T_2 = 100 \times (94.4 - 37.95) = 5\ 645 \text{ 万元}$$

所以，通过改造，政府可以获得 5 645 万元的土地收益，用于大兴新区基础设施建设。

二、城中村改造效益分析

大兴新区共有集体土地约 118 公顷(1 770.80 亩)，均位于二环路以内，土地级

别属于五级地。

1. 确定各类用地面积

(1)确定综合用地面积。

根据市政府《关于城中村改造土地储备有关问题的通知》(市政发〔2007〕129号)中第三条规定:城中村综合改造用地原则上按照土地级别确定用地面积,一、二级土地为人均65平方米,二级以下土地级别每下降一级,人均用地面积增加3平方米;为节约用地,综合用地容积率原则不低于3。根据西安市城区土地级别,大兴新区城中村土地均处于五级土地,因此人均综合用地为74平方米。大兴新区城中村人口约7 000人,则综合用地面积=74平方米/人×7 000人=518 000m^2=777亩,因此共需综合改造用地777亩。

(2)确定第一次储备土地面积。

依据市政办发〔2008〕185号文件的规定,凡列入改造计划的城中村,无形改造后均可以向西安市国土资源局申请办理土地确权手续。城中村改造权利主体提出土地确权申请,市国土局受理后,经过审核和公告,明确申请确权的土地为国家所有,申请人依法申请土地登记,按原用途领取土地证书,取得国有土地使用权。

除综合用地外,城中村其余土地均纳入政府储备,成为政府储备土地。则政府储备土地=1 770.80亩-777亩=993.80亩。政府储备土地时,需要和权利主体签订国有划拨土地收购储备协议,支付土地收购价款40万元/亩。

(3)确定新居民点安置用地面积。

城中村改造是一个耗资巨大的建设工程,必须有强有力的资金作为保障。投资主体是城中村改造的主要投资者。一般是通过合理增加容积率等方式,确保城中村改造既保障投资主体的利益,保证其参与改造的积极性,又能满足人均65㎡建筑面积。大兴新区平均容积率为3.5,可以最高提高容积率至5.5。则新居民点安置用地=65平方米/人·建筑面积×7 000人÷5.5÷666.67=124.09亩。

(4)确定第二次储备用地面积。

第二次可储备的用地面积就是综合改造用地扣除新居民点安置用地面积并投资建房后剩余的土地,即第二次储备的用地面积=777-124.09=652.91亩。

(5)确定市政配套用地面积。

市政发〔2007〕129号文件规定,综合用地要合理选址,综合用地原则上按不低于25%的比例分摊城市基础设施用地面积。则市政配套用地面积=总面积×25%=1 770.80×25%=442.70亩。

(6)确定可出让净用地面积。

可出让净用地面积=(第一次储备用地面积+第二次储备用地面积)×75%=

(993.80＋652.91)×75％＝1 235.03 亩。

2.确定改造成本费用

在大兴新区，城中村改造的投资方为大兴新区土地储备中心，则改造成本包括5部分：124.09 亩的新居民点建设成本，993.80 亩土地的收购储备成本，拆迁补偿成本，拆迁补偿中有关的管理费用，基础设施投入和公建配套费（见表 6.1）。

表 6.1 城中村改造成本费用测算表

成本构成		计算过程	结果/(万元)
新居民点建设成本		65 平方米/人·建筑面积，共 7 000 人，成本价为 2 650 元/平方米	120 575
第一次土地收储成本		40 万元/亩，共 993.80 亩	39 752
拆迁补偿成本	三层以上房屋成新价拆迁补偿费	400 元/平方米，共 2 361 067 平方米	94 442.67
	地面附着物赔偿费	1 200 元/户，共 2 000 户	240
	生产、营业用房经营损失补偿费	2 000 元/人，共 2.5 年，共 7 000 人	3 500
	过渡补助费	30 个月，7 元/平方米，共 2 361 067 平方米	49 582.40
	搬迁补助费	540 元/户，共 2 000 户	108
	搬迁奖励费	1 000 元/户，共 2 000 户	200
	社会养老保险费	20 000 元/人，共 7 000 人	14 000
拆迁补偿中有关的管理费用	房屋拆除及垃圾清运费	30 元/平方米，共 4 722 134 平方米	14 166.40
	拆迁劳务费	2 000 元/户，共 2 000 户	400
	围墙砌筑费	260 元/米，共 4 346 米	113
	建筑物及室内装修评估费	建筑物评估费：4 722 134 平方米×500 元×5‰＝1 180.53 万元 室内装修评估费：2 000 户×80 000 元×5‰＝80 万元	1 260.53
	拆迁协调费	10 万平方米以上为拆迁房屋补偿总额的 2％	3 241.46
	不可预见费	拆迁房屋补偿总额的 1％	1 620.73

续 表

成本构成	计算过程	结果/(万元)
基础设施投入和公建配套费	基础设施用地 442.7 亩:1 600 元/平方米,107 万元/亩 公建配套用地占 5%,共 88.54 亩:2 300 元/平方米,153 万元/亩	60 915.52
合　计		404 117.71

根据表 6.1 的分析,城中村改造成本费用为 404 117.71 万元。

3.政府直接收益

按照现有的改造思路,政府收益主要为土地出让金和契税、配套费等。

(1)土地出让金。参照市场价,通过招、拍、挂,土地出让价格确定约为 270 万元/亩,可出让面积为 1 235.03 亩,政府土地出让纯收益为 1 235.03×270=333 458.1(万元)。

(2)契税收入。契税按交易地价的 3%收取,则契税=333 458.1 万元×3%=10 003.74 万元。

(3)配套费收益。由于各地块容积率不同,商业用地和住宅用地的平均容积率按 4.0 计算,可开发建筑面积为 1 235.03 亩×666.67 平方米×4=3 293 429.8 平方米,配套费 150 元/平方米,配套费收益为

3 293 429.8 平方米×150 元/平方米=49 401.45 万元

(4)政府直接收益。政府直接收益=333458.1+10 003.74+49 401.45=392 863.29(万元)。

根据上述分析,大兴新区实施城中村改造,政府财政总投入为 404 117.71 万元,收益为 392 863.29 万元,净收益为-11 254.42 万元。

三、棚户区改造效益分析

棚户区改造效益分析过程与城中村改造效益分析过程相同,不同点在于棚户区改造和城中村改造中的个别费用标准不同。下文仅从土地增值和住宅增值两方面进行分析。

1.应用模型

(1)土地增值分析应用模型为

$$\Delta C = a \times a_1 - b \times b_1$$

式中,ΔC 指土地增值;a 指改造后土地面积;a_1 指改造后土地地价;b 指改造前土地面积;b_1 指改造前土地地价。改造前土地面积等于改造后土地面积,即 $a=b$。

(2) 住宅增值分析应用模型为

$$\Delta M = n \times n_1 - h \times h_1$$

式中，ΔM 指改造后住宅增值；n 指改造后住宅面积；n_1 指改造后住宅单价；h 指改造前住宅面积；h_1 指改造前住宅单价。

2. 案例分析

A 单位棚户区占地 18.6 亩，土地级别为 4 级，建筑面积约 1.926 万平方米，涉及 135 户，约 810 人。A 单位于 2008 年 4 月进行拆迁改造，改造时间预计为 2 年，2010 年 4 月改造完成。

(1)土地增值分析：

A 单位棚户区位于西安市土地级别四级地，2007 年，西安市国有土地四级地住宅用地基准地价为 1 650 元/平方米(110 万元/亩)。运用市场比较法、假设开发法等方法分析西安市住宅用地四级地市场，测算出从 2007 年至 2008 年地价涨幅为 5%，即 2008 年 4 月土地价值为 110×(1+5%)=115.5 万元/亩，经过改造后，2010 年 4 月土地出让价为 270 万元/亩，见表 6.2。

表 6.2　A 单位棚户区改造前后土地增值分析表

时间	面积/(亩)	单价/(万元/亩)	收益/(万元)	增值/(万元)
改造前(2008 年 4 月)	18.6	115.5	2 148.3	
改造后(2010 年 4 月)	18.6	270	5 022	2 873.7

从表 6.2 中可以看出，A 单位棚户区改造前，因环境恶劣，基础设施条件差，单位面积土地收益只有 115.5 万元，总收益只有 2 148.3 万元；改造后，因各方面条件的改善，土地大大增值，单位面积土地收益达到 270 万元，总收益达到 5 022 万元，增值额达到 2 873.7 万元，每亩土地增值 154.5 万元。

(2)住宅增值分析：

根据市场分析，改造前，房价为 1 323 元/ 平方米，改造后房价为 4 800 元/平方米。改造前后住宅增值分析见表 6.3。

表 6.3　A 单位棚户区改造前后住宅增值分析表

时间	面积/(万平方米)	单价/(元/平方米)	总价/(万元)	增值/(万元)
改造前	1.926	1 323	2 548.1	
改造后	5.891	4 800	28 276.8	25 728.7

从表 6.3 中可以看出，A 单位棚户区改造后住宅面积增加了 3.965 万平方米，增加面积的收益达 19 032 万元，住宅总收益达到 28 276.8 万元，改造后收益约是改造前收益的 10 倍。

四、带动区域经济发展

就大兴新区综合改造项目而言，首先将带来社会固定资产的增加。从目前我国的平均水平来看，建设领域的固定资产投资每年给国家的 GDP 增长贡献大约占到 30%[10]。新区发展过程中各类工程建设项目的开发带来商贸服务业、建筑业、房地产业等一系列附属行业发展，带动城西区域经济和莲湖区经济的发展。大兴新区综合改造工作推动了区域经济的发展。一是房地产业健康发展。随着大兴新区改造的逐步推进，市政基础设施、公建配套设施不断完善，人居环境不断改善，新区周边房地产项目的价值不断增加，吸引了龙湖、融侨等一批国内外知名房地产企业。二是产业结构优化升级。大兴新区综合改造将整体改善新区环境，有利于营造良好的投资环境。良好的投资环境有利于促进新区产业升级换代，推动商贸服务业、五金机电业、住宅房地产业等主导产业向纵深发展，带动周边餐饮、文化娱乐等第三产业的发展。三是财政税收增加。随着大兴新区一批项目的建设完成，吸引越来越多的商贸服务企业来该区域投资，促进该区域消费市场的繁荣，带动税收增长，增加该区域的财政总收入。按照大兴新区的区位、产业构成、重点项目等相关因素，以莲湖区 2009 年末财政收入和税收增长幅度为参考，预计大兴新区大部分商贸项目建成后，年税收将会达到 8 亿元以上。

下面以大兴东路拓宽改造为例来说明其带动区域经济发展的作用。

大兴东路区域位于西安市西北部、大兴新区的中部，是西安西部快速干道之一，既是连通三环、二环与中心城区的交通枢纽，又是新区规划的主要商业街。全长 2.8 公里，规划宽度 70 米。规划范围为东至星火路，西至西二环大兴立交，北至规划路，南至北郊城河退水明渠，规划区总占地面积约 1856 亩(含市政道路面积)。其中市政道路面积 285 亩、公建配套面积 144 亩、保留项目用地 120 亩，如图 6.2 所示。

1. 大兴东路改造区域现状分析

截止 2009 年 12 月 31 日，大兴东路规划区内的存留、拟建与需招商项目共有 27 个(见图 6.3)，其中存留项目有 6 个，占地 120.65 亩，占规划区总面积的7.6%；拟建项目有 16 个，建筑面积 309.98 万平米，占地 1197.75 亩，占规划区总面积

75.9%；需招商项目共有5个地块，规划建筑面积60.39万平米，占地259.85亩，占规划区总面积的16.5%。大兴东路为贯穿大兴新区东西的主要道路，为城市一级主干道，与大兴东路相交的南北向道路共有桃园北路北延伸、劳动路北路北延伸、规划路、永全路及大白杨南路5条道路，分别为城市一级支路及次干道。

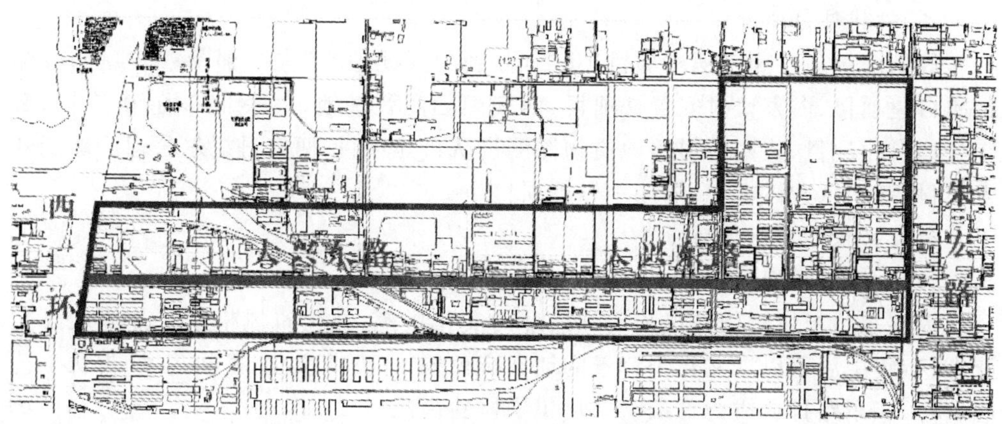

图6.2 大兴东路改造区域规范围示意图

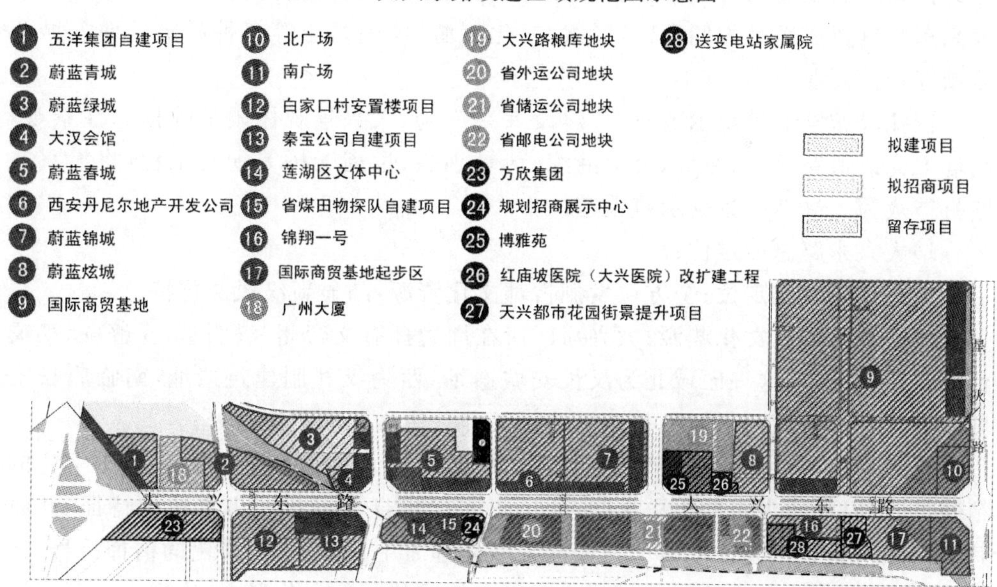

图6.3 大兴新区2010年大兴东路沿线重点项目分布图

(1)留存项目情况：

共有 6 家单位保留:①大兴新区招商规划展示中心(原陕西地质矿产勘察开发公司物资供应管理处改建);②博雅苑(陕西博海置业有限公司);③大兴医院(红庙坡医院);④送变电站家属院(陕西送变电工程公司);⑤天兴都市花园(西安天兴资产投资管理有限公司);⑥方欣集团街景提升项目。

(2)拟建项目情况:

规划区内现已确定拟建项目 16 个,分别为天朗地产"大兴郡"系列项目、五洋集团自建项目、白家口村安置楼项目、西安国际商贸基地、大兴北广场、南广场、秦宝公司自建项目、陕西省煤田地质物探测量队自建项目、西安丹尼尔公司房地产开发项目、莲湖区文体中心、锦翔一号等项目。

2. 大兴东路产业规划

(1)大兴东路规划总体思路。

大兴东路板块将依托汉长安城遗址的文化底蕴,在建筑风格中充分体现汉文化特色,集中展示以汉文化为背景的地方特色餐饮、商业文化、民间艺术、古玩工艺等,将大兴东路打造成为首条汉文化集中体验街区。

依托红庙坡商圈、方欣商圈的辐射带动,综合发展国际商贸与现代服务业,将大兴东路打造成满足人们商贸、餐饮、文化旅游、休闲娱乐等多种需求的西安城西区域综合性商业中心。

依托汉城湖的景观示范效应,建设大兴广场、大兴景观休闲带等标志性景观,高标准完成道路绿化、路灯、公交港湾、街景小品、过街天桥等配套工程,将大兴东路打造成为大兴新区景观示范大道。

1)大兴东路总体定位:

大兴东路文化定位:全方位发掘古都文化资源,凸显新汉风文化特色。

大兴新区的汉文化渊源:大兴新区所在周边拥有文帝庙、汉明堂、汉辟雍、汉灵台等文化遗址,且这一区域北为汉长安城遗址,西为汉礼制建筑遗址,南临唐长安城遗址,东为隋唐禁苑遗址,是西安地区汉、隋、唐文化的汇集之处。

大兴新区对汉文化的传承途径:在大兴新区建设发展中,抓住新区历史文化的精髓,挖掘以汉代为主的历史文脉,从历史文化信息中寻找城市文化的特征,并将其神韵融入到城市设计的每个整体和细节处理之中,通过传统文化的精神符号,构建城市空间的和谐,表达既有创新意识又有鲜明传承的文化形态,达到大兴新区汉文化的复兴,促进区域经济社会的发展。在大兴新区的建设中,将从集中展示、立体重现、恢复与弘扬等三个层面来传承历史文化。

结合城北退水明渠的改造,大兴东路景观带的建设,大兴东路将成为西安汉文化集中体验街区，西安城西区综合性商业中心，大兴新区景观大道。

2)大兴东路产业发展类型：

改造后的大兴东路沿线产业结构将由原仓储运输业为主调整为以商务、酒店、餐饮、购物等商贸服务业为主导，大兴东路将成为贯穿大兴新区的一条主要商业街，依托红庙坡商圈、方欣商圈的辐射带动作用提升整个大兴新区的商业环境及氛围。其中酒店餐饮占25%，精品购物类占20%，国际商贸占20%，商务办公(总部经济)占15%，娱乐休闲占15%，其他占5%。

3)大兴东路产业空间布局：

为集约利用土地，更好地与大兴东路业态规划相协调，必须充分发掘每条街区的经济内涵，实现错位经营，才能更好地服务于整个规划区。大兴东路板块将按照“一线三区七街”的空间布局来进行发展。

“一线”：以大兴东路为商业发展轴线。

“三区”：打造“国际商贸与现代服务区”、“文化运动与精品购物区”及“总部商务与休闲服务区”三个功能区。

“七街”：沿大兴东路一线鱼刺状分布七条特色商业街区，分别是：大白杨南路——餐饮娱乐街；劳动北路北延伸北段——综合商业街；劳动北路北延伸南段——酒吧休闲街；桃园路北延伸北段——体育用品街；劳动路北延伸南段——关中风情街；规划路北段——旅游服务街；规划路南段——社区配套商业街。

(2)大兴东路功能分区。

1)总体思路：

大兴东路功能分区示意图如图6.4所示。

国际商贸与现代服务区：该区域位于红庙坡地区，由于该地区是西安市次中心区域，国际商贸基地也将位于该区域内，拟将本区域打造成为以国际商贸、五金机电交易、住宅、现代服务业为主导产业的国际商贸与现代服务区。

文化运动与精品购物区：该区域将以汉朝酒市、槐市文化为承载，以传承汉文化为理念，兴建大兴天街项目及大型体育场馆，将该板块打造成为以运动、购物、旅游、休闲、娱乐、餐饮等为一体的综合性区域。

总部商务与休闲服务区：该区域西临汉城湖，并穿插有大兴景观休闲带，旅游资源得天独厚，且总部经济大楼也在区域内。因此，拟将该区域发展成为以总部商务、休闲服务为一体的综合区域。

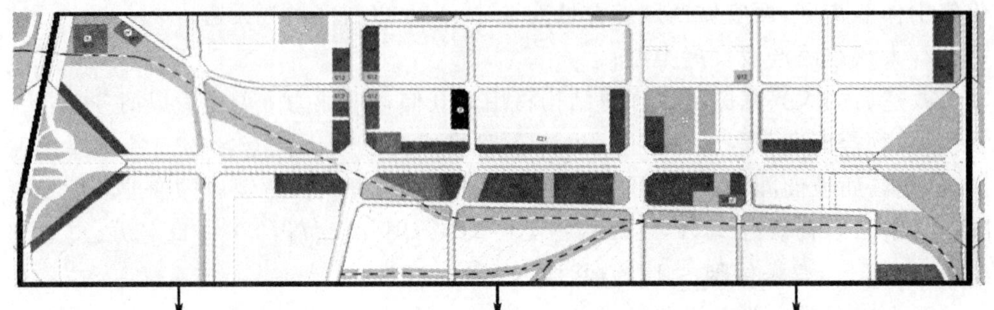

③总部商务与休闲服务区

体现大兴东路动感、休闲、时尚的功能特色。共有项目 8 个，占地 383.9 亩，总建筑面积 105 万平方米。

②文化运动与精品购物区

体现大兴东路运动、历史、人文、活力风貌。共有项目 7 个，占地 348.44 亩，总建筑面积 79.59 万平方米。

①国际商贸与现代服务区

体现大兴东路国际化、现代化的品位定位。共有项目 12 个，占地 839.25 亩，总建筑面积 210.39 万平方米。

图 6.4　大兴东路规划功能分区示意图

各功能区分区的依据如下：

2)国际商贸与现代服务区：

国际商贸与现代服务区位于劳动路北延伸以东，星火路以西，规划路以南，大兴东路以北。如图 6.5 所示。

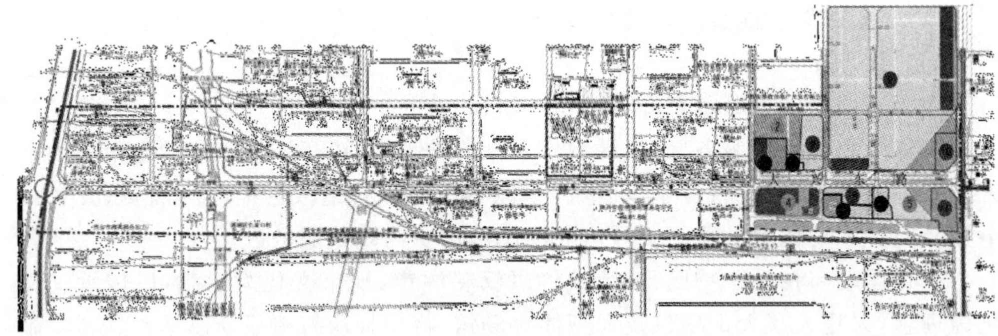

图 6.5　国际商贸与现代服务区示意图

本区域所建的大兴广场是大兴东路的核心与精华所在。该区域建筑风格应呈现大框架、大纵深、大面积的格局，建筑物裙房应适合大中型购物中心、大型专业店经营，建筑物高层应适合商务办公场所与宾馆、酒店经营。该区域定位的关键在于吸引人气，聚集商气，让商务客户充分体验 CBD 级的现代商务服务。在此区域内将布置国际商贸基地、高端酒店、高端商务大楼、广场商铺等。

该区域的消费群体主要定位为商务旅游与国际商务贸易从业者。鉴于南北两侧为国际商贸基地，消费主体应为有一定经济实力的本地消费者及外来商务人士。

该区域的消费档次定位：以中高端消费为主。

根据国际商贸区域特点，此区域适合发展以下类型的产业：国际化产品贸易业、五金机电贸易业；星级酒店、购物中心、百货商场等购物业；珠宝商行；精品服饰零售；数码旗舰店；电子及通讯器材零售店；证券业；保险业；各类中介服务；社会经济咨询；知识产权服务；大型餐饮店、国际连锁餐饮店、快餐店等高档餐饮业；健身房、美容美体馆、品牌茶室、咖啡店、商务酒吧、大型演艺吧、休闲吧等休闲消费类业态。

该区有 12 个项目，其中 4 个留存项目，5 个拟建项目，3 个招商项目，具体项目编号如图 6.6 所示。

图 6.6　国际商贸与现代服务区项目分布示意图

3)文化运动与精品购物区：

文化运动与精品购物区东起劳动路北路西界，西至桃园北路东界。如图 6.7 所示。

本区域将建成的项目有莲湖区文体中心及大汉天街步行街，是大兴东路文化、运动与购物体验的集中区域。

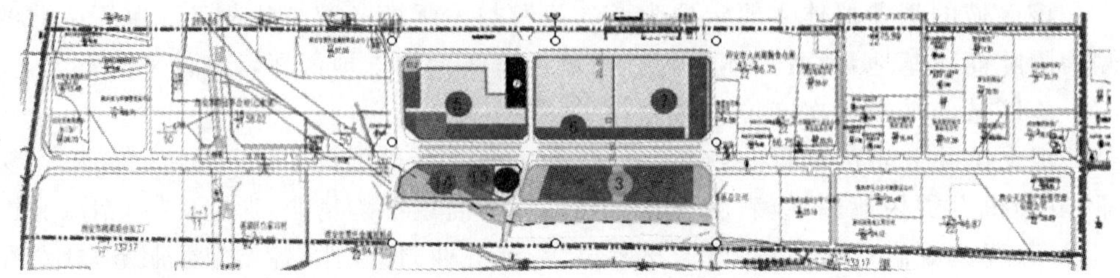

图 6.7　文化运动与精品购物区示意图

该区域定位的关键在于既能够吸引区外的旅游人群，又能使消费者享受到一站式消费的便捷。在合理搭配现代服务业与旅游服务业的同时，满足消费者与商务客户对汉文化的体验需求。

该区域的消费群体主要定位为有一定消费能力的居民、外来旅游休闲群体。

鉴于购物中心与汉街在南北两侧，消费主体应为周边具有一定消费能力的居民，及外来商务旅游与休闲旅游人群。

该区域的消费档次定位：以中、高档商品为主，中、低档商品为辅。

根据文化运动与精品购物区特点，该区域适合发展以下类型的产业：民俗文化创作与展示；陕西特色产品、旅游纪念品；购物中心、百货店；精品服饰零售；国际连锁餐饮店、快餐店；精品家居软装饰用品店；剧场；高档婚纱影楼；品牌茶室、咖啡店、商务酒吧、休闲吧等。

该区有 7 个项目，其中 1 个留存项目，5 个拟建项目，1 个可招商项目，具体项目编号如图 6.8 所示。

4）总部商务与休闲服务区：

总部商务与休闲服务区东起桃园北路西界，西至西二环东界。

本区域位于大兴东路西段，大兴立交对其影响很大，多层、小高层建筑容易被高架桥遮挡，严重影响视觉效果。鉴于这里是大兴东路西入口，故应建设总部经济大楼等标志性高层建筑物，彰显大兴东路风采。规划布局应以建设中的大兴公园为核心，构建生态景观道路轴线，使进入大兴东路的人，充分体验现代化和生态化所带来的享受。独特的环境使其与国际商贸与现代服务区遥相呼应，满足外来游客及商务人士的休闲娱乐需求。

该区域的消费群体主要针对本地居民及外地游客。

该区域的消费档次定位为：高、中、低档结合。

根据总部商务与休闲服务区特点，该区域适合发展以下类型的产业：星级酒店;快捷酒店;高档会所;特色餐饮;茶楼;酒吧、咖啡馆;商务办公:旅游公司、旅游产品服务公司等。

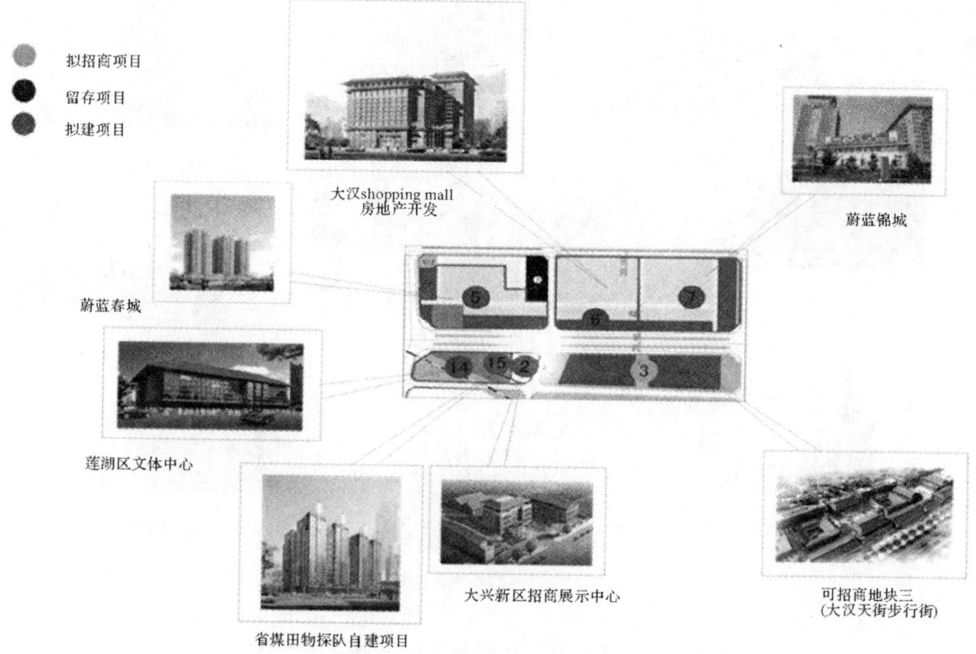

图 6.8　文化运动与精品购物区项目分布示意图

该区有 8 个项目,其中 1 个留存项目,6 个拟建项目,1 个可招商项目,具体项目编号如图 6.9 所示。

(3)特色街区。

大兴东路南北两侧共有 7 条街道,其中南侧有 3 条,北侧有 4 条,除大白杨南路为北侧所独有,其他街道分别为劳动北路、桃园北路、规划路与大兴东路相交所形成的 6 条路。

为集约利用土地,更好地与大兴东路业态规划相协调,必须充分发掘每条街区的经济内涵,实现错位经营,才能更好的服务于整个规划区。

1)特色街区介绍:

特色街区分布图如图 6.10 所示。

1 号街:餐饮娱乐街(大白杨南路)

鼓励业态:特色餐饮;茶楼;酒吧、咖啡馆;各种以正餐为主的小型酒楼、饭店、饭馆及其他用餐场所等。

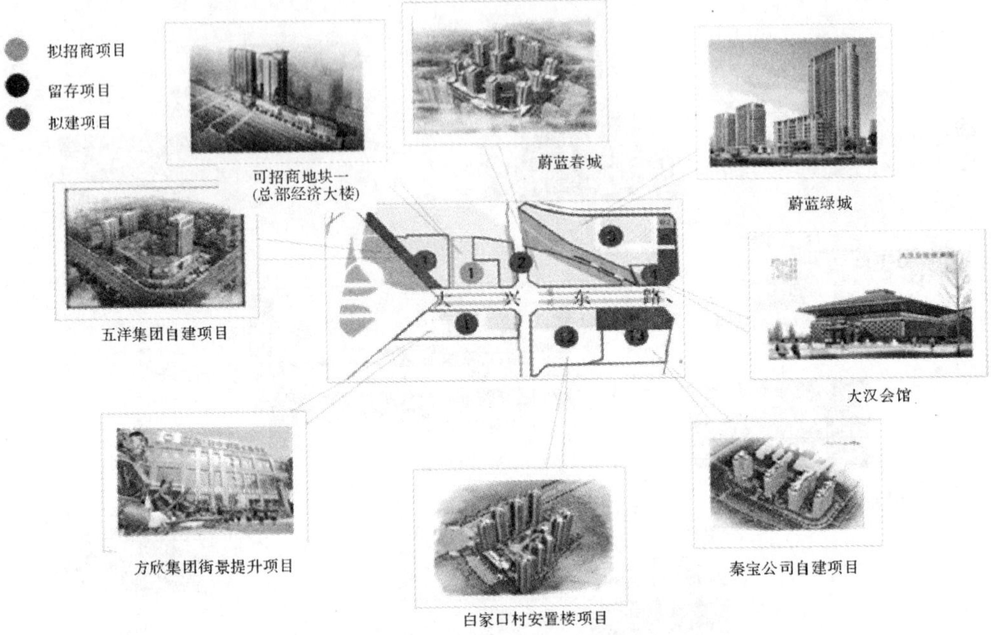

图 6.9　总部商务与休闲服务区项目分布示意图

业态布局依据:①弥补此区段大众人群消费场所的短缺;②满足具有一定层次居民的饮食休闲需求。

2 号街:综合商业街(劳动北路北延伸,大兴东路至规划路段)

鼓励业态:药品、医疗器械零售;礼品鲜花、水果零售;保健、美容服务业;便民餐饮;家电零售等。

业态布局依据:①作为红庙坡医院的医用服务配套及礼品鲜花服务;②与蔚蓝锦城内商业体相呼应,拟引进大型电器分销商,为周边社区提供配套家电零售服务。

3 号街:酒吧休闲街(劳动路北延伸,退水明渠至大兴东路段)

鼓励业态:酒吧;茶馆;咖啡馆;书吧等。

业态布局依据:主要为国际商贸基地及大汉天街旅游区提供配套服务。

4 号街:体育用品街(桃园路北延伸,大兴东路至规划路段)

鼓励业态:文化、体育用品及器材零售;精品零售店。

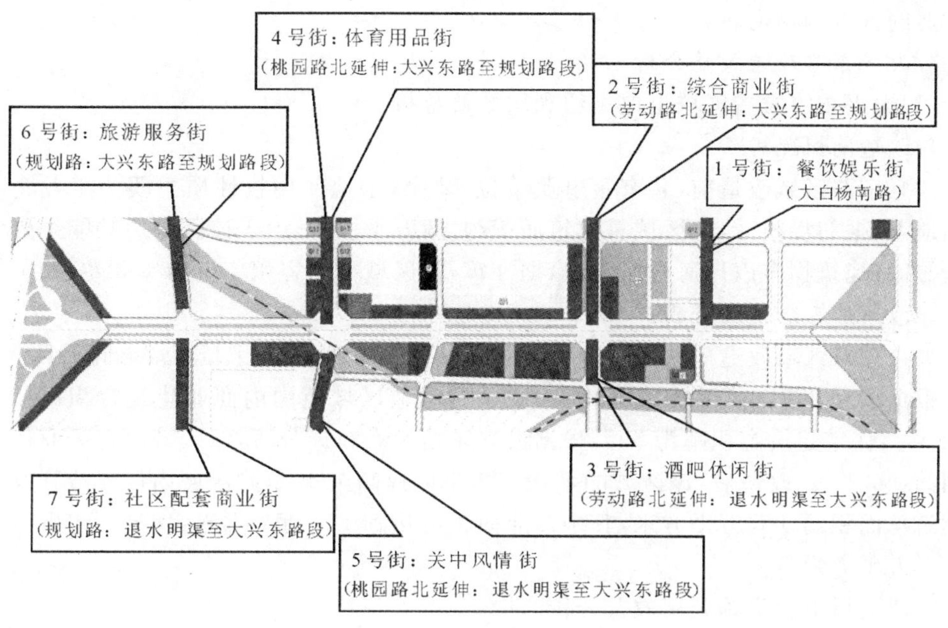

图 6.10　特色街区分布图

业态布局依据：①配套服务于莲湖区文体中心；②规划精品购物，有利于与东侧的购物区相协调，且周围居民较多，有利于社区服务。

5 号街：关中风情街（桃园路北延伸，退水明渠至大兴东路段）

鼓励业态：各种高、低档关中风味餐饮；各种以涮、烤为主的餐饮服务；纪念品销售等。

业态布局依据：①规划为关中风味餐饮可与东侧的汉街顺利衔接，使两者相辅相成、互相促进；②为规划区西端区域的居民提供配套饮食服务。

6 号街：旅游服务街（规划路，大兴东路至规划路段）

鼓励业态：旅游纪念品销售；餐饮；中小型酒店等。

业态布局依据：紧邻退水明渠及汉长安城墙遗址，规划为旅游服务配套设施集中场所，主要服务外地游客。

7 号街：社区配套商业街（规划路，退水明渠至大兴东路段）

鼓励业态：普通餐饮；中低档服饰零售；百货店等。

业态布局依据：①大兴东路不宜全部布置为特色街区，应有一到两条综合性街区为居民提供配套服务；②东临安置楼，由于周边消费人群的限制，所以规划成较为普通的日常购物街。

3.大兴东路改造效益分析

(1)大兴东路改造区域土地集约利用效益分析。

1)改造前概况。

大兴东路区域改造前，共有企事业单位 42 家，土地使用权性质主要为工业仓储用地，根据初步统计，该区域总建筑面积约 13 万平方米，由于该区域原功能主要是仓储区，建筑物多以厂房仓库为主，据计算，该区域平均容积率仅为 1.3 左右。

2)改造后综合情况分析。

大兴东路区域改造后共涉及项目 28 个，其中现有拟建项目 17 个，招商项目 5 个。根据大兴新区容积率限制条件，大兴东路改造区域范围内商业建筑容积率最高为 6.5，住宅建筑容积率为 3.5，根据大兴东路业态布局分析，该区域改造后商住比例约为 3∶7。改造后，该区域的平均容积率可提高至 4.4，此区域内可建造开发的建筑总面积约 395 万平方米，其中商业面积可达到 119 万平方米，住宅面积可达到 276 万平方米。

3)改造后土地集约利用效益分析。

大兴东路经综合改造后，由于道路的拓宽，可建设土地较改造前减少了 125 亩。但通过实施综合改造，该区域平均容积率从以前的 1.3 左右提升至4.4，可推算出该区域总建筑面积增加了 379 万平米，增幅达 30 倍，极大地提高了该区域范围内土地集约节约利用的水平，容纳更多的人群在此就业及居住。按照上述建筑面积的增加量计算，则改造后该区域政府收取的城建收益可投入到区域基础设施建设之中，为提升区域形象、增强竞争力和改善投资环境起到一定作用。

(2)大兴东路改造区域经济效益分析。

1)可开发土地面积。

大兴东路规划区总占地面积约为 1 863 亩，其中市政道路面积为 285 亩、公建配套面积为 144 亩、保留项目用地为 120 亩。

根据区域实际情况，该区域可开发面积可用下列公式计算：

区域可开发面积＝整体面积－道路面积－公建配套面积－保留项目面积

由上述数据可得

可开发土地面积＝1 863－285－144－120＝1 314 亩

2)土地储备综合成本计算。

从大兴新区改造统计情况来看，经测算，大兴东路两侧区域土地储备综合成本约为 290 万元/亩。

3)土地出让平均价。

依据现有已出让地块的土地出让价格估算,该区域土地出让平均价约为320万元/亩。

4)大兴东路改造区域土地出让经济效益分析。

根据上述数据分析,大兴东路两侧区域土地的收益几乎全部用于大兴新区基础设施、道路公建配套设施、学校、医院、体育馆、公园、市政、广场、绿地等建设。大兴东路区域综合改造后除容纳人数及配套费收入增加外,新增的119万平方米商业建筑面积,可为大兴新区带来每年固定的税收,为该区域经济可持续发展打下良好基础。

(3)大兴东路改造后区域社会效益分析。

1)提升区域整体品质。大兴东路综合改造,通过建筑风格及城市家具等形式将汉文化元素融入现代城市建设中,突出了区域的文化品位;通过兴建绿地公园及街景公园等方式,提升区域的生态环境品质;通过产业结构调整,综合发展国际商贸与现代服务业,提升区域整体品质,促进区域经济效益的提升。

2)提升区域教育环境。为提升大兴新区综合教育的水平,吸引高素质人才入区工作、生活,新区兴建标准化现代化中、小学,彻底改善区域教育环境,提升整体教学环境及教学品质。

3)提升区域交通环境。大兴东路改造前原有道路宽度为38米,改造后,路面宽度为70米,由原双向4车道改为双向8车道,交通信号控制系统也进行改善,大大提升了区域道路通行能力及交通环境品质。

4)提升区域医疗环境。大兴东路两侧区域原有红庙坡医院为一所二甲医院,其医疗设备陈旧、床位少、环境差,改造后该医院将扩建为省级三甲医院,床位数量将增加1倍以上,医疗设备大大改善,为周边区域群众提供更好的医疗设施保障。

5)提升区域商业环境。改造后大兴东路沿线产业结构将由原仓储运输业调整为以商务、酒店、餐饮、购物等为主导的商贸服务业,大兴东路将成为贯穿大兴新区的一条主要商业带,依托红庙坡商圈、方欣商圈的辐射带动作用,大兴路区域的整体改造将提升整个大兴新区的商业环境及氛围,为莲湖区创造更多的税收。

6.3.2 社会环境效益分析

1. 完善城市功能,优化城市环境

自2008年以来,大兴新区集中实施基础设施建设工作。到2010年,桃园北路、劳动北路(一期)、梨园路、大兴东路等4条道路的路面工程、地下管线及园林绿化、路灯照明、交通控制、公交港湾等配套系统建设将全部完成。区域内雨水、污水、中水、自来水、热力、天然气、电力、通信、路灯、交通标志等配套管线的也在逐步建设。随着综合改造工程的全面推进，大型商业、住宅项目在新区内迅速发展。西安国际商贸基地、百益雅苑、世纪锦绣、紫云溪、锦翔一号、锦花园、蔚蓝青城等数十个大型商业、住宅项目在新区内纷纷开工建设，项目建成后将满足大量居民的居住和消费需求。随着新区内基础设施、公用设施的不断建设完善以及大型商业、住宅项目的迅速发展，区域城市功能不断完善，必将通过各种方式将一定范围内物流、人流、资金流、信息流汇集于新区，在新区形成强大的聚集效应和放大效应。新区改造完成后，基础设施和道路体系趋于完善，对周边区域的基础设施建设产生影响和辐射，在整体上大幅度提高该区域的城市功能。

大兴新区在改造建设过程中，以实现人与自然、人与环境的和谐发展，为人民群众提供高质量的工作和生活环境，创建和谐生存发展空间，营造崭新的城西形象为宗旨。按照"民生工程"的要求，将对长 3 公里，宽 18～20 米的北郊城河退水明渠（大兴景观休闲带）实施全面改造，废除其雨、污水排放功能，建设地下排水管网工程，将雨、污水经永全路接入团结库截污箱涵进行处理，地面形成 550 亩的城市生态绿廊和休闲景观带。在大兴东路东口、红庙坡什字以西的南北两侧，正在建设大兴广场，用优美的环境和高品质的配套建设营造出市民休闲主题文化广场。依托交通干线、新建小区，实施园区绿化、人居生态环境建设工程，推进公共绿地和休闲带建设，绿化覆盖率将达到 40%以上。通过综合改造力争使城市主次干道四季常绿，街景美观宜人，街头小绿地广场及路灯、雕塑小品、座椅、果皮箱、书报亭、自动售货机等"城市家具"完备并富有特色，达到提高生态环境质量的目的。

2. 提升城市形象，凸显城市品位

大兴新区综合改造工程启动实施前，该区域的市容市貌与西安市同类地区相比，较为落后，厂房和库房陈旧不堪、市政设施相对滞后、城中村和棚户区分布较为集中，周边环境不佳。大兴新区作为西安市委、市政府批准实施的首例成片旧城改造、工业企业搬迁改造区域，是西安城市规模化综合改造的重要区域。综合改造主要包括市政基础设施建设、生态环境优化、房地产开发、新区公建配套建设、城中村改造与企业搬迁等 5 方面内容。首先，通过市政基础设施建设和新区公建配套建设，使新区的街容街貌获得明显改观。在综合改造过程中，新区通过财政投资、政府融资等途径，多渠道筹措资金，加强城市基础设施的建设维护。2008 年以来，大兴新区集中实施了大兴东路等道路的建设及拓宽改造，在区域内全面启动实施"硬化、亮化、绿化"工程。大兴广场、大兴景观休闲带以及标准化学校、甲级医院等公建配套设施的建设在新区内全面展开推进，使得新区基础设施和公建配套设施面貌焕然一新。其次，在新区综合改造过程中，通过城中村和棚户区改造、工业企业搬迁以及房地产项目开发，改变以前凌乱破旧的城中村、棚户区住宅建筑以及老工业企业的厂房、仓库，新区的住房条件、生产环境、业态布局等将会得到明显改观。

大兴新区在改造过程中，注重将城市文化的特征融入到城市建设的每个细节之中，通过传统文化的精神符号，构建城市空间的和谐，表达既具有创新意识又具有鲜明传承的文化形态。例如，在大兴东路两侧修建汉代车马西征、张骞通西域、司马迁著史记等题材的浮雕墙；将汉代隶书等表现汉代碑石书法艺术的景观石散落于广场、公园、绿地等场所；以大兴广场、大兴景观休闲带作为整个大兴新区汉文化集中显现区。沿着大兴东路两侧点缀大小不等的亭台楼阁、酒肆、茶庄等，这些均是以灰白为主色调、以拙朴简洁为风格的汉代建筑小品。为了恢复和弘扬传统戏剧、工艺、古乐、曲艺、庙会活动等已经消失的优秀传统文化，在大兴东路和大兴公园中段规划建设汉文化一条街，展示包含杂技、曲艺、蹴鞠、骑射、酒肆、乐坊、槐市等汉代民俗文化内容，使城市品位逐渐凸显。

3. 推进区域就业，改善居民生活

随着市场经济体制的不断完善和西安市城市功能结构的不断调整，大兴新区内仓储企业多数经营处境艰难。据不完全统计，2006 年，区域内的 58 户仓储企业已经停产或者面临停产，占总数的 75%；市区属 13 个工厂中已办理下岗、内退手续的职工占总数的 88%。随着新区开发建设的全面展开，在道路广场建设、管网配套、公建设施建设、建筑房地产业等工程中将直接和间接产生大量的就业岗位。首先，基础设施和建筑业的关联度强，对整个经济的带动效应强，建设、管理、销售、居住装修等行业的就业需求随着项目的开发建设迅速增加，原有的城中村农民以及工厂下岗工人，经过培训就可实现重新就业。据初步估算，自 2007 年大兴新区综合改造工程实施以来，区域内的政府投资和重点项目建设直接带动 2 000 多人就业。其次，随着新区开发建设的不断推进，产生一批如社区管理、交通执勤、市场管理、环境管理、卫生保洁、环境绿化、停车场管理、公用设施维护等的公益性岗位，推动区域就业。据测算，新区开发建设全面完成后，能够容纳 20 万人居住，并提供约 11.5～12 万个工作岗位。

在大兴新区综合改造过程中，将改善居民生活条件，优化旧城区用地功能及布局，满足辖区居民的生活需要作为城市建设的一个重要课题。大兴新区总体规划为“两带、三线、九里坊”布局，大兴新区将建多所中小学校、医院。区域内省级标准化小学、文体中心、医院即将启动建设。另外，托儿所、幼儿园、诊所、卫生站、综合市场、影剧院、图书馆、青少年活动站、老年活动室、银行、邮电局、证券交易所、公厕、消防站等其他社区配套公共服务设施正在抓紧规划、选址，即将启动建设，区域内居民的生活便利程度、生活居住环境将发生翻天覆地的变化。新的生活环境也将潜移默化地影响居民的传统生活方式，提高周边居民素质，改善城西的整体人文环境。

4.塑造区域品牌，传承历史文化

城市的魅力在于其所具有的特色鲜明的文化。在全球一体化的今天，独具特色的文化往往是一个民族、一个地区甚至一个城市的“身份证”和向外界宣传自身形象的“名片”。因此，特色文化建设是促进城市差异化发展的优势和依托。

作为一个内陆城市，西安要走出国门、走向世界，就要发挥其深厚的历史文化底蕴优势。然而，无论是汉城遗址还是唐城遗址，由于历史上种种原因，原貌已经荡然无存，仅剩下在唐皇城位置存留的明代长安城。明城墙内地面能见到的最早建筑物，是清真寺中残留的个别宋代建筑。明城墙外的唐长安城被黄巢起义军一把火烧毁，之后的千余年间，因经济、文化中心的东移南迁，一直没有得到复原。解放后，明城墙以西的区域成为“一五、二五”时期重点建设的工业区。汉长安城也是被淹没在历史的尘烟之中，只剩下遗址之上的村庄和农田。因此，具有 3 100 多年建城史、1 100 多年建都史的西安市，其深厚的历史文化底蕴正在被挖掘、整理、保护和开发。近年来，随着皇城复兴计划的推进，曲江遗址公园、大唐芙蓉园、唐城墙遗址公园、大明宫遗址、秦二世遗址公园、大唐西市、西大街唐文化商业街等相继开发，唐文化的挖掘取得了良好进展。汉文化的发掘也在加快推进。对于大兴新区而言，是千载难逢的机遇。

位于西安市西北部的大兴新区，从区位角度考察，它北临汉长安城遗址，东南临唐长安城遗址，处于两遗址的过渡区。针对汉文化挖掘不足的现状，大兴新区将其文化风格定位为新汉风，通过将建筑外立面设计为以新汉风为主格调，在道路、广场小品、浮雕墙等元素中融入汉代历史文化，建设汉文化风情体验街区等手段，多方位挖掘、表现、传承汉文化。

汉代文化具有“多元文化基础上的统一和文化多样性”之特征[10]。“弛骋乎兼容并包，而勤思乎参天贰地”[11]。“汉并天下”瓦当所展现的雄霸天下之气魄、汉瓦等遗留建筑文物所展示的阔大模式，融合各种文化于自己体系中。汉初使用黄老思想“无为而治”，“与民休息”；武帝时期确立了“罢黜百家、独尊儒术”，建立起“大一统”、“皇权神授”、“天人感应”观念，以及三纲五常和臣民应遵守的长幼尊卑等级秩序与行为规范，均具有“儒表法里”的实质；到东汉时期最终形成儒、道、释三教鼎立的局面[10]。此外，“究天人之际”的探索精神，盐铁会议上的辩论所展现的相对民主氛围(《盐铁论》)，以“孝”(《孝经》)为基础的儒家道德教育，等等，都表现出其文化巨大的包容性特征。有了包容性，才能体现多元性、统一性、和谐性与创造性，使中华传统文化具有“博大兼容”的特点。

抓住新区历史文化的精髓，分析以汉代为主的历史文脉和足迹，从历史文化信息中找到城市文化的特征，将其神韵融入到城市设计的每个细节处理之中；通过传统文化的精神符号，构建和谐城市，表达具有创新意识又有鲜明传承的文化形态，达到大兴新区汉文化复兴之目的；通过新汉风建设，达到改善区域精神风貌，提升区域内在文化品质，传承传统历史文化之目的。

5.创新管理体制，提高服务水平

2008年市编委批准成立“西安大兴新区综合改造管理委员会”，内设职能部门综合办公室、财政管理局、规划建设局、国土房管局、经济贸易发展局、企业搬迁与城中村改造办公室、招商局相继成立。伴随着管理机构的设立，大兴新区从折迁为主的阶段进入开发与建设阶段。新区树立人才是第一资源的观念，制定和落实人才引进和配套服务政策，全面提高新区人力资源规模、质量。2009年和2010年大兴新区管委会先后举行两次大规模的人才招聘活动，2010年的48个招聘职位吸引了来自15个省份的千余名专业人才踊跃报名，其中本科学历615人，硕士以上学历132人，涉及国土规划、拆迁建设、财经金融等40多个专业。通过大规模的招聘活动，大量高素质人才被吸引到大兴新区，为新区的发展注入了新鲜的血液。

目前，按照“市级管理、区级实施、独立运作、服务效能”的定位，大兴新区已进入全面开发建设阶段。管委会优化投资环境，建立高效的办事制度，建成政务服务大厅。以“大兴讲堂”为载体，新区管理文化正在逐步形成，“坚韧不拔、勇于创新、任劳任怨、追求卓越”已成为大兴人的价值追求。

随着大兴新区综合改造工程的全面深入推进，大兴新区管理制度将进一步创新，科学高效的管理运行体制将逐步建立，投资环境、政务环境将进一步改善，区域协作、区域一体化的综合开发建设局面将逐步形成，工业企业搬迁、棚户区改造以及城中村改造等工作将逐步形成更科学的新模式，产业结构转型和升级将全面加快，经济发展方式将逐步转变，大兴新区将呈现经济社会快速发展的良好局面。

参考文献

[1] 辽宁省建设厅.大力进行棚户区改造，推进建设和谐辽宁[J].中国勘察设计，2007，2:22-23.

[2] 辛德彦，楚春颖.我市棚户区改造工作初探[J].大庆社会科学，2004.5:53.

[3] 济南市旧城改造投资融资管理中心.走和谐拆迁之路，更好更快推进棚户区改造步伐[J].山东经济战略研究，2008，12:56-57.

[4] 陈碧红.棚户区改造存在的问题分析及建议——以长沙市开福区棚户区改造为例[J].中外建筑，2008，8:123-124.

[5] 韩斌,李笠.城中村改造的国内外经验和启示[Z].http://www.landscape.cn/paper/cs/2010/7913754487738.html.

[6] 李忆冰,崔海洋,李建.城中村改造实践[J].北京规划建设.2005(3):56-57.

[7] 袁立,高立军.城中村改造模式初探[J].中国科技财富,2009(2):126.

[8] 王少华,庄宁.新区开发和改造旧城开发商的契机在哪里[J].北京房地产,2005(2):31-35.

[9] 洪增林.西安市城中村(棚户区)改造方法及效益分析研究.西安社会科学规划基金课题成果,2009.

[10] 周天游.论汉代文化的基本特征.社会科学战线[J],2007(2):253-255.

[11] 司马迁.史记//司马相如列传[O].北京:中华书局,1959.

第七章　大兴新区土地集约利用的对策与建议

土地是人类生产生活必备的物质基础。转变土地利用方式，实现土地集约利用，对社会经济增长方式的转变具有重要的意义。大兴新区城市综合改造区土地资源的集约利用，既要保证旧城改造项目的顺利实施，也要满足经济快速发展的需要，同时还要防止因过度开发等原因引起新的城市问题。本章结合大兴新区今后的发展趋势，从法律法规、产业结构调整、规划和土地储备、新区建设、土地市场、融资、低碳新区建设等7个方面就加强该地区的土地集约利用提出建议。

7.1　充分利用法律、法规和政策机遇，引导土地集约利用

大兴新区综合改造应在认真研究国家、省、市已出台和即将出台的一系列政策的基础上，结合新区实际，做好各项政策的落实工作，把潜在的政策优势转化为增长的动力。当前重点要抓住以下几方面的政策机遇。

7.1.1　抓住新一轮西部大开发的政策机遇

实施西部大开发战略，是党中央、国务院在世纪之交作出的重大决策，是我国社会主义现代化建设全局的重要组成部分。10年来，在党中央的正确领导和全国人民的大力支持下，西部地区干部群众奋力拼搏，国家不断加大投入，西部大开发取得了巨大成就。经济增长速度高于全国平均水平，主要经济指标比1999年翻了两番。青藏铁路、西气东输、西电东送等标志性工程相继建成，基础设施建设取得突破性进展；退耕还林、退耕还草等一批重点生态工程全面实施，生态建设和环境保护取得显著成效；特色优势产业快速发展，综合经济实力大幅提升，经济增长速度高于全国平均水平；“两基”攻坚计划如期完成，社会事业和人才开发得到加强，人民生活水平明显提高；改革开放深入推进，东中西部地区协调互动，对内、对外开

放新格局初步形成;城乡环境面貌发生历史性变化,广大干部开拓意识明显增强,各族群众精神风貌昂扬向上,西部地区已经站在新的历史起点上。

2010年是实施西部大开发战略10周年,今后10年是深入推进西部大开发承前启后的关键时期。为深入实施西部大开发战略,2010年6月,中央出台了《关于深入实施西部大开发战略的若干意见》(中发〔2010〕11号)(以下简称《意见》)。《意见》中关于西部大开发的发展目标为:到2015年,西部地区特色优势产业体系初步形成,经济总量比2008年翻一番;基础设施不断完善,经济社会发展支撑能力进一步增强;重点生态区综合治理取得积极进展,森林覆盖率达到19%,单位地区生产总值能耗明显降低;社会事业加快发展,基本公共服务能力显著提高;城乡居民收入加快增长,与经济发展速度的差距逐步缩小。到2020年,西部地区基础设施更加完善,现代产业体系基本形成,建成国家重要的能源基地、资源深加工基地、装备制造业基地和战略性新兴产业基地,综合经济实力显著增强;生态环境恶化趋势得到遏制,基本公共服务能力与东部地区差距明显缩小;人民生活水平和质量大幅提升,基本实现全面建设小康社会的奋斗目标。

《意见》主要包括以下内容:一是加快基础设施建设,提升发展能力。二是加强生态环境建设和环境保护,构筑国家生态安全屏障。三是夯实农业基础,统筹城乡发展。四是发展特色优势产业,增强自我发展能力。在承接产业转移方面,制定相关政策,安排产业转移引导资金,引导东中部地区企业向西部地区有序转移;开展承接产业转移示范区建设,鼓励东部地区与西部地区共建产业园区。在发展现代服务业方面,大力发展文化创意、影视制作、演艺娱乐、出版发行和会展等文化产业,培育一批有特色、有品牌、有实力的文化骨干企业,规划建设一批文化产业园区。五是强化科技创新,加强人才开发。在发展科学技术方面,支持西安统筹科技资源改革示范基地、关中—天水创新型区域、绵阳科技城发展,推进创新型区域和创新型城市建设。六是大力发展社会事业,着力保障和改善民生。在发展教育方面,全面提高教育质量,加快普及高中阶段教育。在提高社会保障水平方面,加大保障性安居工程实施力度,集中改造城市棚户区和国有工矿区、林区、垦区棚户区。七是加强重点经济区开发,支持老少边穷地区发展。八是坚持体制、机制创新,扩大对内、对外开发。在加快经济体制改革方面,大力发展非公有制经济和中小企业,进一步放宽市场准入,积极支持民间资本进入资源开发、基础设施、公用事业和金融服务等领域。九是提高公共管理水平,促进社会和谐稳定。十是完善政策措施,进一步加大支持力度。在财政和税收政策方面,提出通过多种方式筹集资金,加大中央财政资金支持西部大开发的投入力度。对设在西部地区的鼓励类产业企业减为按15%的税率征收企业所得税。在投资政策方面，加大中央财政性投资投入力度，向西部地区民生工程、基础设施、生态环境等领域倾斜。在金融政策方面，鼓励地方各级政府通过资本金注入和落实税费减免政策等方式，支持融资性担保机构从事中小企业担保业务。在土地政策方面，工业用地出让金最低标准，可视具体情况按《全国工业用地出让最低标准》的10%～50%执行，适当降低西部地区开发园(区)建设用地的基准地价。在人才政策方面，研究完善留住人才、吸引各类人才到西部地区基层工作的优惠政策，在职务晋升、职称评定、子女入学、医疗服务等方面给予政策倾斜。十一是加强领导，切实把西部大开发各项任务落到实处。

《意见》中有五处提到了西安，明确提出支持西安统筹科技资源改革示范基地建设，支持西安建设区域性金融中心，支持西安与重庆、成都加强区域战略合作，支持西安打造内陆型经济战略高地，支持西安国际港务区建设。《意见》的出台对于我们加快建设西安国际化大都市，加快大兴新区综合改造步伐提供了千载难逢的机遇。

7.1.2 抓住实施《关中—天水经济区发展规划》的机遇

2009年6月25日，国务院批准了《关中—天水经济区发展规划》(以下简称《规划》)，标志着关中—天水经济区与上海浦东新区、天津滨海新区、广西北部湾、海西经济区等一起成为国家级经济区，成为国家战略的重要组成部分。

《规划》将关中—天水经济区定位为："全国内陆型经济开发开放战略高地、统筹科技资源改革示范基地、全国先进制造业重要基地、全国现代农业高技术产业基地、彰显华夏文明的历史文化基地。"

《规划》对关中—天水经济区发展目标定位为："到2020年，关中—天水经济区的经济总量占西北地区比重超过三分之一，人均地区生产总值翻两番。科技创新能力和综合科技实力居全国领先地位，科技进步对经济增长的贡献率大幅提升。实现西(安)咸(阳)经济一体化，形成国际现代化大都市，城镇群集聚发展，城乡统筹取得突破，城镇化率达到60%。基本普及高中阶段教育，从业人员平均受教育年限达到12年。"

《规划》提出构筑"一核、一轴、三辐射"的空间发展框架体系。"一核"：即西安(咸阳)大都市，是经济区的核心，对西部和北方内陆地区具有引领和辐射带动作用。"一轴"：即宝鸡、铜川、渭南、商洛、杨凌、天水等次核心城市作为节点，依托陇海铁路和连霍高速公路，形成西部发达城市群和产业集聚带。"三辐射"：即核心城市和次核心城市依托向外放射的交通干线，加强与辐射区域的经济合作，促进生产要素合理流动和优化配置，带动经济区南北两翼发展。以包茂高速公路、西包铁路为轴线，向北辐射带动陕北延安、榆林等地区发展；以福银高速公路、宝鸡至平凉、天水至平凉等高速公路和西安至银川铁路为轴线，向西北辐射带动陇东平凉、庆阳等地区发展；以沪陕、西康、西汉等高速公路和宝成、西康、宁西铁路为依托，向南辐射带动陕南汉中、安康和甘肃陇南等地区发展。

《规划》对于西安的定位是：到 2020 年，西安都市区人口发展到 1 000 万人以上，主城区面积控制在 800 平方公里以内，成为国家重要的科技研发中心、区域性商贸物流会展中心、区域性金融中心、国际一流旅游目的地以及全国重要的高新技术产业和先进制造业基地。《规划》对西安国际化大都市的定位标志着西安将与北京、上海一起，成为国家重点推进国际化大都市的三大城市之一。

国际化大都市的概念是由苏格兰城市规划师格迪斯 1915 年提出的。国外学者普遍认为，国际化大都市是指具有超群的政治、经济、科技、文化实力，对世界大多数国家产生经济、政治、文化影响的国际都市。国际化大都市主要分为综合性国际化大都市和区域性、专业性国际化大都市两大类。综合性国际化大都市主要代表城市有纽约、伦敦、巴黎、东京等。区域性、专业性国际化大都市分为政治型、金融型、工业型、文化型、旅游型、宗教型、总部型等。政治型国际化大都市有华盛顿、日内瓦等；金融型国际化大都市有法兰克福、苏黎世、洛杉矶、香港、新加坡等；工业型国际化大都市有作为美国五湖地区最大的工业中心的芝加哥；文化型国际化大都市有雅典、罗马、开罗等；旅游型国际化大都市有维也纳、巴黎、悉尼等；宗教型国际化大都市有耶路撒冷、麦加、梵蒂冈；总部型国际化大都市有日内瓦、纽约等。

国际化大都市具有六个显著特征：一是具有雄厚的经济实力和良好的投资基础，有很高的经济开放度和广泛的国际贸易和文化科技联系，经济辐射能力波及世界主要贸易区和港口。二是具有较为健全的金融体系，是跨国公司总部和金融机构的聚集中心，具有吸纳大量跨国公司和国际资金的能力，同时，也是世界性金融和服务产品的创新地和市场地。三是具有现代化的城市基础设施和市政服务系统，对外交通与信息通信处于国际一流水平。四是具有发达的第三产业和国际服务功能。五是具有完整的城镇体系，腹地深远，已形成以国际化大都市为中心的城市群体。六是具有高度开放、面向世界的工作生活条件，高质量的城市环境，能够充分发挥人才资源的聚集效益。国际化大都市基本标准见表 7.1。

表 7.1　国际化大都市的基本标准

项　目	指标名称	指标数字
经济发展指标	人均 GDP	10 000～12 000 美元
	三产占 GDP 的比重	70%以上
	外贸依存度	30%左右
	科技研发占 GDP 比重	5%以上
	都市人口	800～1 500 万左右
生活水平和社会发展指标	人文发展指标	教育成就、生活标准等标准值在 0.9 以上
	人均住房使用面积	25 平方米以上
	高等教育毛入学率	不低于 50%
	轨道交通客运比重	不少于 50%
	航空港年旅客吞吐量	4 500 万人
	信息化综合指数	信息资源、信息网络、信息技术、信息产业等综合指数达到 80 以上
	空气综合污染指数	小于 3
国际开放交流程度	跨国公司进驻数量	世界 500 强企业半数以上
	外国金融机构数量	100 家以上
	城市年入境旅游人数	600 万人次以上
	国际会议次数	80 个国家和地区参加的国际性会议 150 次以上
	外籍人口比例	5%～10%

《规划》的颁布施行和建设西安国际化大都市的目标，把西安的发展提升到全国和西部大开发的战略层面，西安正成为西北地区主要经济文化中心，面临重大发展机遇。为了推进《规划》实施，国家将对经济区加大政策支持力度。在财税政策上，国家将加大经济区一般性财政转移支付和基础设施、生态环境、重点项目、产业发展、公共服务等专项转移支付力度；在投资方面，将在经济区优先布局重大建设项目，由国家审批的水利、交通、能源、旅游等重点产业项目，优先在经济区布局。随着国家优惠政策逐步落实和投资力度的不断加大，关中—天水经济区和西安国际化大都市建设步伐加快，为大兴新区发展带来了非常重要的发展机遇。

7.1.3 抓住西咸一体化的发展机遇

2002年西安市与咸阳市签署“八同协议”(规划同筹、交通同网、信息同享、市场同体、产业同布、科教同兴、旅游同线、环境同治),西咸一体化正式启动。近期,为了加快西咸一体化步伐,省政府决定从省级层面加快推进西咸一体化进程,批准成立沣渭新区和泾渭新区。大兴新区作为西安市的西大门,是西咸一体化的枢纽和连接地带,面临着重大的发展机遇。

7.1.4 抓住国家在西安设立综合保税区的发展机遇

2009年6月23日,总投资10亿元、面积120万平方米的西安保税物流园区在西安国际港务区开工建设。综合保税区整合了海关特殊监管区的所有功能、政策,具有口岸作业、保税物流、保税加工、国际贸易等多种功能,其与西安铁路集装箱中心站相结合,能够真正将“港口后移、就地办单、海铁联运、无缝对接”的构想变为现实。综合保税区的建设标志着西安迎来了港口时代,西安进出口贸易更加便捷,成为吸引企业入驻的重要砝码,也为大兴新区仓储及物流产业的迁出和总部经济的发展提供了难得的发展机遇。一要积极向大兴新区改造范围内“五三三”库等仓储物流企业宣传西安综合保税区的优惠政策,加强与西安国际港务区管委会的联系协调,畅通大兴新区仓储物流企业的迁出渠道,加快搬迁步伐,实现资源的优化组合和产业的有序更替。二要加快国际商贸基地的建设,发挥国际组织的聚集效应,完善总部经济服务体系,研究制定企业总部入驻的优惠政策,做好各种配套设施的协调落实,吸引世界著名企业总部入驻。三要抓好企业和项目单位的协调服务。积极帮助西电公司、法士特等大中型企业与保税区建立加工出口合作关系,降低企业经营和销售成本。

7.1.5 抓住西安市统筹城乡发展和建设莲湖高陵工业园的机遇

为了进一步贯彻落实党中央、国务院和省委、省政府统筹城乡发展的决策部署,西安市出台了《关于全面推进统筹城乡发展的意见》(市发〔2010〕11号)(以下简称《意见》),提出大力实施“六个带动”(即:以创新机制为动力带动资源要素向农村更快流动、以发展都市型现代农业为动力带动农业发展方式更快转变、以扶持工业园区建设为动力带动农业劳动力转移和经济结构更快优化、以加快小城镇建设和新农村建设为动力带动农村基础设施和生产生活环境更快改善、以全面实施民生工程为动力带动社会保障和公共服务向农村更快延伸、以加强基层组织建设为动力带动农村社会管理水平更快提升),加快推进工业化、城镇化和农业产业化,不断增强“工业反哺农业，城市支持农村”功能，形成城乡一体化的发展新格局，努力实现城乡共同富裕。

西安市城乡统筹分三个阶段进行实施。①全面启动阶段(2010 年)。组织力量编制完成统筹城乡发展专项规划，出台统筹城乡发展的各项配套支持政策，在一些重点区域和工作领域率先取得突破，打造一批亮点工程，探索建立统筹城乡发展的体制机制框架。②整体推进阶段(2011—2015 年)。统筹城乡发展的体制、机制框架基本形成，经济社会实现较快发展，转变经济发展方式取得明显进展。全市GDP 达到 5 000 亿元以上，人均生产总值达到 6 万元以上，城镇化率达到 75%，单位 GDP 能耗比 2010 年降低 10%以上，区县发展差异系数缩小到 45%以内，城乡居民收入比缩小到 2.5 以内，农村非农产业从业人员占全部从业人员的 80%以上。基础设施实现城乡全覆盖，公共服务实现基本均衡，环境保护和生态建设取得明显进展。③攻坚提升阶段(2016—2020 年)。统筹城乡发展的体制、机制更加完善，经济社会实现跨越式发展，全面实现《关中—天水经济区发展规划》目标任务。全市 GDP 达到 9 000 亿元以上，人均生产总值超过 10 万元，城镇化率达到 79.5%，单位 GDP 能耗比 2010 年降低 20%以上，区县发展差异系数缩小到 40%以内，城乡居民收入比缩小到 2 以内，农业非农产业从业人员占全部从业人员 85%以上。公共服务实现均衡化发展，城乡发展环境明显改善，资源节约和环境友好型社会基本实现。

《意见》提到，加快区县工业园区建设，完善基础配套设施，创新管理体制，提升承载能力，引导和支持工业向园区集中，形成一批规模效益更加突出、市场竞争优势更加明显的区县工业园区和产业集群，真正成为区县经济发展的重要载体。蓝田、高陵、周至、户县等郊县，要立足自身特点，依托工业园区，承接中心城区搬迁企业，大力发展工业和农产品加工业。中心城区和开发区要打破行政区划界限，将配套产业向农村转移，与远郊区县合作发展“飞地经济”，不断拓展发展空间，提高工业经济对区域发展的带动能力和贡献份额。

为了贯彻《意见》精神，2010 年 7 月 30 日，莲湖区与高陵县签订了《莲湖高陵工业园区框架协议》(简称《协议》)。《协议》主要明确了以下几个方面的内容：①明确园区范围：双方初步商定莲湖高陵工业园区分为两期开发建设。一期位于高陵县城以西，东至高陵县城西二环、西至经开区扩展区界、南至西高路、北至高永路，总面积约 5 平方公里；二期位于西禹高速以东，东至高陵临潼界、西至西禹高速、南至张卜乡张卜村、北至西高路，约 20 平方公里。②明确了合作开发模式：莲湖区作为投资和实施主体，自主开发建设和管理；莲湖区对园区进行总体规划设计，负责园区内的基础设施建设和招商引资工作。高陵县负责建设用地计划和指标办理、农用地转用的报批、土地征收、拆迁安置，提供区域基本建设条件和审批、审核等；负责按照一厅式办公的模式，在园区内设立专门办事机构，及时提供准确、高效、快捷的服务，成立园区公安机构，负责园区治安、交通等管理工作。莲湖高陵工业园区内的土地征收、拆迁补偿标准以及土地出让价格，按照经开区在高陵所建园区的标准执行。

莲湖区要以西安市加快统筹城乡发展、加快旧城改造、棚户区改造和城中村改造为契机，依托大兴新区管理、资金、人才优势，积极抓好莲湖高陵工业园建设。一是做好工业园区的空间布局和整体规划工作，积极围绕承接东部转移产业和新区工业企业搬迁，科学谋划好园区建设，拓展发展空间。二是加大招商引资力度，引进世界和国内知名企业，特别是产业链比较长的企业。三是不断加快辖区工业企业搬迁步伐。按照"两头在内、中间在外"的原则，积极引导大兴新区工业企业将生产、加工车间搬迁到莲湖高陵工业园，享受园区相关优惠政策，降低企业生产经营成本；鼓励工业企业将研究开发、销售、总部继续留在大兴新区，借助国际商贸基地平台，发展壮大工业企业实力，置换的土地用于发展第三产业。四是扶持和鼓励有实力的轻工业产品、机电产品企业进一步延长产业链，利用西安科技资源优势和劳动力成本优势，开展工业品加工生产，形成产、供、销一条龙的现代生产营销体系。

7.1.6 抓住省市政府支持大兴新区加快发展的机遇

大兴新区综合改造工作的发展主要经过了以下阶段。

第一阶段是2006—2007年的启动实施阶段。2006年5月西安市政府召开第9次常务会议，批准实施大兴路城市综合改造项目。6月，市政府发布了《关于对大兴路地区实施城市综合改造工作的通告》，这为整个大兴新区综合改造起了很重要的作用。

第二阶段是2007年政策和资金的准备阶段。2007年10月，西安市政府常务会议批准了大兴路地区城市综合改造分区总体规划，同时，这一项规划获得了规划环境双金奖，大兴路综合改造项目基础设施建设10亿元贷款得到了国家开发银行总行的审批；12月，市政府批准大兴路地区享受开发区政策，实施自求平衡的开发改造。

第三阶段是2008年的加快推进、实现突破阶段。一是"四路一街一渠两广场"的拆迁建设工作全面展开，大拆迁、大开发、大建设的序幕已经拉开；二是国际商贸基地落户新区；三是市编办批准在西安市大兴路地区城市综合改造工作协调领导小组办公室加挂"西安大兴新区综合改造管理委员会"的牌子，标志着大兴新区正式成立，综合改造工作进入快速发展阶段。

第四阶段是2009年至今的全面建设阶段。随着大兴新区管委会的正式成立，大兴新区综合改造进入了全面建设期。一是大兴新区第一板块主要道路已经基本完成建设。二是招商引资工作趋于活跃，引进了国际可再生能源民间合作组织等国际机构和一批国内外知名企业入驻，对新区经济发展起到带动作用。三是项目建设全面铺开，2010年5月集中开工了25个重点项目，标志着大兴新区已经由2008年的项目准备阶段转入了全面建设阶段。

当前，大兴新区各项工作进入了飞速发展阶段。按照市政府有关规定，大兴新区被列入全市城市综合改造重点项目，2008—2012年在开发建设方面享受5年时间的"封闭运行，自求平衡"政策，大兴新区必须要珍惜机遇，加快改造步伐。

7.2 盘活存量土地，调整产业结构，提高土地集约利用水平

7.2.1 变废为宝，改造利用闲置铁路专用线

大兴新区共有19家单位39条铁路专用线，总长22公里，厂区外占地面积143亩。目前，仅有2家单位7条铁路专用线正常使用，其他32条铁路专用线处于闲置状态。随着大兴新区功能变化，17家仓储企业已经搬迁，其他工业仓储企业将陆续搬迁，铁路专用线逐渐被废弃。为了更好利用被废弃铁路专用线，大兴新区管委会按照土地集约利用的原则，对铁路专用线进行改造利用。对废弃和闲置的铁路专用线依法实施拆除；对现有仓储企业使用的铁路专用线，待仓储企业搬迁后拆除；对处于景观区域内的闲置铁路线，作为工业文明历史遗存进行改造利用。

7.2.2 实施土地利用结构和产业结构调整

在西安市"十一五"规划中，提出了中心城区工业企业外迁的要求。2006年9月西安市政府下发了《西安市工业发展和结构调整行动方案》，从宏观层面对大兴新区的土地利用和产业布局做出了指导。大兴新区应以此为契机，用经济杠杆和行政措施相结合的方法进行"退二进三"，逐步将土地投入产出率相对较高的优势产业集中于区域内，而将那些资本和技术投入较低的行业尽快疏散出去。在具体实践中应该采取以下措施：首先，积极为驻地传统工业企业联系"婆家"，将其逐渐引导到周边的"五区一港两基地"等开发区。其次，要调整新区用地结构，提高商业服务业用地比重，工业企业退出的土地，要优先用于现代服务业以及房地产业。再次，改变传统的招商引资思路，变招商引资为招商选资，着力引进高新技术和知识密集产业，吸引自然资源消耗少、污染少、附加值高的企业入驻。打造总部经济、楼

宇经济、街区经济和商贸区。另外，对搬迁难度大、有资金实力的企业，鼓励和引导企业整合土地资源，按区域开发政策进行产业调整，发展具有较高品质的“三产”经营项目，大力支持企业发展现代服务业。

7.3 做好规划修编和土地储备工作，促进土地集约利用

7.3.1 抓好规划修编工作

区域发展规划对区域经济的发展有重要的指导作用，而区域土地利用规划是区域总体规划的依据，它的编制水平和管理过程直接影响到地区土地利用的综合效益和土地节约集约利用目标的实现。如今大兴新区面临着上一轮土地利用规划形成的用地结构和产业布局不能满足当前区域经济发展要求的局面。严重影响到城市功能的发挥，制约着当地经济的发展。按照“循序渐进、节约用地、集约发展、合理布局”的原则，围绕实现“以新汉风为文化内涵、以五金机电、商贸、住宅为主导产业，营造宜居宜商、可持续发展的大兴新区”的目标，对大兴新区土地利用规划进行合理修编，以实现土地的节约集约利用。一是统一思想，提高认识，充分重视土地利用规划修编的前期准备工作。规划修编工作要以保护土地、节约集约利用土地为根本指导方针，做好大兴新区规划实施评价、基础调查、资料搜集、课题研究以及土地利用重大项目和政策建议的论证工作，进行必要的思想、组织和技术准备，总结上一轮规划中存在的缺点和问题，提出解决问题的措施和建议，确立新一轮规划修编的基本原则，完善规划标准和工作措施，为全面开展规划修编工作打下坚实的基础。二是在修编过程中一方面要本着节约集约用地的原则，分析各业、各类用地节约集约利用的潜力，研究建立建设用地集约利用规划指标体系，提出盘活存量用地的措施；坚持因地制宜，根据大兴新区不同发展阶段建立相应的集约利用规划指标体系，积极探索节约集约用地的模式，提出盘活存量用地、有效控制建设用地外延扩张的规划方案，充分发挥土地利用规划在促进经济结构优化和经济增长方式转变方面的调控作用。三是加强土地利用规划对土地节约集约利用的指导性作用，根据经济社会发展要求，分析集约用地水平的变化趋势，预测各业、各类用地的合理需求，提出统筹安排用地措施，并建立健全建设用地审核监管机制，完善项目用地准入制度，最大限度地推进土地市场配置，探索、建立节约集约用地的长效机制。四是注重审查调整各类相关规划和用地标准，加强监督检查，全面落实节约集约用地责任，强化土地利用总体规划的整体控制作用，建立健全土地市场动态监测

制度，从而达到通过规划修编的途径促进区域节约集约用地的目标。

7.3.2 做好区级土地储备工作

首先，依照《西安市土地储备条例》的规定，区级人民政府可以直接实施土地储备。第二，要把储备土地作为区域开发和基础设施投资的重要途径。第三，在目前管理体制及市政府改造政策的支持下，抓住土地的储备权、建设用地的处置权、土地出让的收益权和节约集约用地的主动权。要坚持把土地储备与“三改一迁”结合起来，多手段、全方位地增大土地储备能力，推进城市的运营和发展。具体措施如下：

一是加强城中村改造工作。大兴新区有白家口村、郭家村、丰禾村、红庙坡村和其它关联村等城中村要实施改造，在改造过程中，要按照《西安市城中村改造管理办法》对城中村进行综合改造和一级开发。二是将仓储用地纳入政府储备。区域内现存的仓储企业由于产业链断裂，大多数已经倒闭或濒临倒闭，因此，很多企业也同意政府统一收购土地，土地收储难度并不大，政府可以借此机会，对区域内的仓储企业和其他企业的土地进行统一收购，将土地纳入大兴新区土地储备。三是加大零星土地收购储备，化零为整，整合土地资源。新开的五条道路两侧土地较为零散，各单位所占用的土地均较少，在进行土地收储工作和拆迁的过程中，政府应该加大土地的整合力度，将多个零星土地一并整合成大片土地，统一出让，不但可以提高土地的利用效率，而且为区域统一改造提供方便。

7.4 加强新区建设，加快土地集约利用

7.4.1 加强公共服务设施建设，改善区域居住环境

区域内民生设施的完备程度是影响区域土地价格的主要因素之一。民生设施为居民日常生活服务，这些设施的完善与否，对居民消费和受教育的方便性及文化娱乐生活丰富与否具有很大程度的影响。因此，民生设施的完备程度对其周边地价特别是居住用地价格影响很大。一般来说，区域公用设施完备，特别是有教育质量高的中小学、医疗水平高的医院、大型体育娱乐场所等，区域内土地升值的潜力就大；反之，区域内土地升值的潜力就小。教育、医疗、娱乐等公用配套设施完善程度是影响区域房地产价格的主要因素之一。

目前，大兴新区民生设施较少且分布不均匀。如区域内中小学分布不均，医院

少且无大型综合医院，文化、体育娱乐设施严重缺乏。因此，应下大力气加快区域公共服务设施建设，加快发展教育、医疗、文体等公共事业，促使区域土地利用向集约化发展。在教育设施建设方面，要按照网络化布局的目标在区域内整合和新建一批基础教育设施。在医疗卫生设施方面，要按照“大病进医院，小病进社区”的目标，完善社区卫生服务中心，健全医疗卫生服务体系。在文体设施方面，加快建设莲湖文体中心等各种活动场所。

7.4.2 建设国际商贸基地，提升区域经济水平

西安国际商贸基地是经国际可再生能源民间合作组织发起、西安市人民政府同意建立的。国际可再生能源民间合作组织成立于2009年4月，旨在通过推动发展中国家间的技术合作，促进可再生能源的发展。目前，国际可再生能源组织包括中国、印度、澳大利亚、巴西、格鲁吉亚等成员国。随着该组织的壮大，成员国也将越来越多。该组织主席由原联合国小水电组织主席童建栋教授担任，总干事由V. K. Damodaran 教授担任。

目前，西安国际商贸基地已经正式落户大兴新区。商贸基地以国际组织为依托，围绕商贸、旅游和五金机电采购三类产业，建设立足西安，辐射全国，服务相关组织成员国的国际商贸、旅游交易展示中心、五金机电交易中心、行业总部聚集区、国际会议中心、商务资讯中心和人才技术交流中心，从而成为西安及陕西地区乃至全国相关产业、企业参与国际竞争与合作的全球性战略平台。

今后几年，大兴新区将进一步加强和国际可再生能源民间合作组织之间的合作，在推广使用可再生能源、打造低碳新区、建立国际商贸平台、建立国际会议中心等方面开展进一步合作，在大兴新区建设一批以文体中心为代表的绿色、节能建筑，将大兴新区建设成为国际化、现代化宜居新区。

7.4.3 打造特色街区建设，发展新区经济

街区经济是指在市(区)行政区划的地域范围内，以城区为基础，以街道为中心，以市(区)的政府调控为主体，以市场为导向，在街道及周边临近地带聚集形成具有一定规模、特色的产品经营区域或服务业经营区域，带动当地经济和社会发展的一种城区经济发展模式。发展街区经济对大兴新区经济发展具有较大的推动作用。大兴新区通过以地方政府为调控主体，以市场为导向，以第三产业和城市经济为主体，以工业化、市场化、专业化、现代化、国际化为方向，大力发展街区经济，结

合大兴新区规划中的特色，打造特色街区，解决经济落后、产业布局不能满足经济发展的问题。一是立足于大兴新区的整体策划，对街区发展进行统一规划及布局。在规划时，除考虑功能需要之外，一方面要完善区域基础设施，以满足人们的需求；另一方面，要更多地注重文化的传承性开发，如在槐市遗址上，可考虑建设大兴古汉街，在酒市遗址上，建设大兴酒吧一条街，以提高区域的文化层次。二是按照产业定位和居民消费需求，实现街区之间规划、定位、特色、建筑风格的错位，从而使街区的发展实现规模适度、布局合理、结构优化的目的。三是按照“统一规划、一街一品、彰显人文”的思路，将道路改造与特色街区、景观街区、商业街区建设有机结合，提升街区经济承载力，实现经济繁荣与城市建设管理相互促进、共同发展。如可考虑利用大兴新区区位优势、西安国际商贸基地所带来的聚集优势、陕西特色小吃和古城特色的浓厚文化优势，将大兴新区“两横三纵”的规划道路打造成一条条具有不同风格、不同特色，能和成都锦里、上海新天地相媲美的真正特色街区。

7.5 完善土地市场，引导土地集约利用

7.5.1 充分利用和推广楼面地价

楼面地价是指平摊到每平方米建筑面积中的土地价格，即楼面地价＝土地总价/建筑总面积＝土地单价/容积率。楼面地价将宗地面积同建筑面积、容积率、建筑用途紧密结合，相比地面地价具有容易理解、操作简便、易于应用、更新方便等优点。使用楼面地价更有利于政府出让土地、调控地价，解决以往以综合用地地价测算不合理之处。相对于地价来说，开发商更关心的是楼面地价[1]。在土地总价和土地面积一定的情况下，提高容积率不仅可以增加建筑面积，还可以降低楼面地价，间接降低土地成本。开发商在取得土地时，不会再出现低容积率、高地价造成的不公平现象。

楼面地价的主要影响因素是容积率。在合理的空间环境条件下，容积率越大，建设开发强度越大，土地利用率越高，土地价格越高，但这种增加呈一种递减的规律。反映在楼面地价上，一般情况下，容积率越高，楼面地价则越低。当容积率持续提高到一定阶段，地价不再随着容积率的增加而升高，而是开始减少，此时，楼面地价将随着容积率的增加而增加。由于地价形成机制的复杂性，这种规律在不同用途、不同区域间又存在着复杂的变化。商业用地由于容积率的变化在很大程度

上体现为楼层的变化，商业物业楼层价格差异非常明显，其体现在楼面地价上的差异也较明显；居住用地当容积率在特定范围内（如对应多层物业与别墅物业时），由于物业类型的稀缺性引致的土地价值增值明显，其楼面地价的差异也较大；办公用地则是在容积率上升达到一定的程度（对应超高层办公物业）后，鉴于办公物业的标识性特性，导致单位建筑面积地价的超额增值，楼面地价不降反升；工业用途的土地在许多情况下（一般在市中心之外）没有容积率的限制，即使有，对地价的影响也甚小，其地价的差异更多的是由产业集聚度、产业导向、区域配套情况、政策引导等其他因素导致的。在实际工作中，常用的研究容积率与楼面地价之间的函数关系的方法有三种：①德尔菲法，也称专家打分法，即通过专家的经验判断来确定容积率对楼面地价的影响幅度；②复合系数法，基于容积率影响地价的作用规律和机制，利用收益机制下的变化系数乘以市场供求机制下的分配系数来确定容积率对楼面地价的影响系数；③样点分析法，通过对样点地价的统计分析，确定容积率与楼面地价之间的函数关系。

目前，在土地招拍挂过程中使用楼面地价的城市主要是上海、杭州、广东、深圳等南部沿海发达城市，但随着土地价格的一路高涨和房价的上扬，楼面地价已开始在全国范围内推行。相对目前地价来说，楼面地价更加科学、合理。因此，大兴新区综合改造的过程中，要积极推行楼面地价，解决好居民的拆迁赔偿问题，引导开发商集约利用好每一块土地。

在土地招拍挂的过程中使用楼面地价，既可保障政府的收益，又能促使开发商自觉遵守规划。目前，我国多数城市进行招拍挂时使用地面地价，以地面地价的形式计算出让地块的价格，虽有容积率修正，但在实际工作中，很难编制一个与地区具体情况相符的宗地地价容积率修正系数表，且编制出的地块地价容积率修正系数往往带有主观性。基于楼面地价的出让价将宗地地价与建筑物面积紧密结合起来，当楼面地价不变时，地面地价与容积率呈正相关。因此，通过楼面地价可以有效地保障大兴新区在土地出让时的收益，同时也有效地迫使开发商在拿到土地后，按照新区规划进行建设，防止开发商擅自增大建筑面积和容积率。

7.5.2 适度提高容积率，开发地上地下空间，引入立体地价

土地利用不仅包括地表及地上部分利用，还包括地下空间的开发。开发地下空间，不仅可以提高土地利用率，也可以节约土地资源。大兴新区目前建筑容积率比较低，提高大兴新区的容积率，向地上要空间，可遵循“适度集约”的原则，在保证

地面绿化率的前提下,更多地建设高层建筑,通过提高容积率来达到集约用地的目的。在开发地上空间的同时,将建设向地下空间延伸,建设方便快捷的地下交通网络、地下商场及地下通道等地下设施。国土资源部、国家工商行政管理总局组织制定的《国有建设用地使用权出让合同》示范文本(GF－2008－2601),明确了建设用地使用权是一个空间概念,要求签订出让合同时,要明确填写宗地的界址点坐标和上下高程,宗地空间范围是以界址点所构成的垂直面和上、下高程所在的水平面封闭形成的空间范围。这为建设城市立体生活空间、引入立体地价提供了依据。

我国目前土地出让时确定的土地使用权价格,没有对地上高度、地下深度的空间范围做出规定,还未涉及到空间地价的内容。立体地价是随着社会经济发展和人口增长,有限的城市空间不能满足城市的发展,同时城市的外延发展又受农业保护和耕地保护的制约的情况下产生的。建筑技术的进步使解决两者之间的矛盾成为可能,即提高城市存量土地的使用强度、开发利用城市立体空间、集约利用现有土地使解决两者之间的矛盾成为可能。立体地价充分考虑了不同用途建筑物的楼层价格和用地面积分摊等因素,可以直观地描述为平面地价在立体空间上产生的效果,也可看成是一个想象的多层土地的价格问题。对于大兴新区而言,要实现土地的集约节约利用,引入立体地价非常必要。

7.5.3 加大土地执法监察力度,严格城市土地利用管理

大兴新区内土地主要以建设用地为主,土地执法监察的主要对象是违法、违规建设行为。做好土地违法违规案件的查处工作,不仅关系到中央宏观调控政策的贯彻落实,也直接关系到大兴新区经济发展的大局。通过加大土地执法监察力度,进一步巩固土地市场秩序治理整顿成果,营造依法管地、依法用地的良好社会氛围,促进土地集约利用。确保土地合法集约利用,促进大兴新区土地合法有序开发利用。首先,大兴新区国土局全面开展大兴新区范围内土地违法违规行为排查摸底工作,做到违法违规用地面积清楚、性质清楚、责任人清楚、登记造册清楚。其次,要严肃查处土地违法违规案件。大兴新区要组织精干力量,突出查处未批先用、违反土地利用总体规划、违反国家产业政策、侵犯群众合法权益导致群体性事件的案例。监察和国土部门要按照各自职能公开立案,坚持以法律为准绳,以违法事实为依据,不枉不纵,秉公办案,对人对事依法查处。涉嫌犯罪的,移交司法机关依法追究刑事责任。再次,要加强协调,形成合力。自 2007 年开始,西安市委、市政府在闲置用地的处置权和违法用地的查处方面赋予区级人民政府更大的责任。

对于大兴新区内违法建筑，大兴新区国土和城建执法部门要采取法制手段，坚持依法强制拆除严重违法的建筑。区法院、区检察院、公安莲湖分局对国土资源部门移交的违法案件，要依法追究法律责任，坚决遏制违法用地的势头。对闲置建设用地，该收费的要足额收费，该收回的土地要依法坚决予以收回。

7.5.4 建立土地集约利用潜力评价信息系统

由于城市土地集约利用潜力评价涉及的评价指标、各类标准、基础地理信息等的数据量大，需要对大量的图形数据和属性数据进行加工、处理、分析、统计，采用传统的一般流程即用多系统而非一体化程序完成，不仅影响工作进度，手工作业繁琐且易出错，而且容易造成数据转换过程的信息丢失现象。为了配合“数字国土”建设，需要对评价区域内土地集约利用潜力评价进行信息系统建设，实现区域土地集约利用潜力评价工作的自动化，日常管理更新动态化，从而大大提高工作效率。

土地集约利用潜力评价信息系统建设主要是使区域内土地集约利用潜力评价达到一个新水平，实现从定性概念提高到定量分析、从静态分析上升到动态研究、从有限的计算和分析方式上升为灵活多样的计算和分析方式、从传统的单一成果制图上升到计算机与成果输出的无缝链接、从少数专家研究发展为非专家的应用研究，从而推动土地工作向科学化、现代化方向发展[2]。

区域土地集约利用潜力评价信息系统主要从理论研究入手，提出区域土地集约利用的评价目标、建立评价指标体系，同时，在区域总体评价的基础上，在土地利用现状条件下，以宗地为单位，结合城市规划、经济、生态、环境等资料，运用 GIS 技术进行土地利用潜力评价，提出评价区土地集约利用潜力评价指标体系和土地管理对策建议。具体技术流程如图 7.1 所示。

土地集约利用潜力评价信息系统建立的目的在于使评价区土地集约利用达到一个新水平，使土地利用潜力评价结果与宗地变更信息同步调整，保证信息系统数据与城市土地利用状况的一致性。该成果若与城市规划信息系统结合，将有助于完善和丰富城市规划信息系统，对城市规划决策起到辅助作用[3]。

大兴新区应建立土地集约利用潜力评价信息系统，及时反映区域土地利用状况以及土地利用潜力，实现科学动态的土地管理。

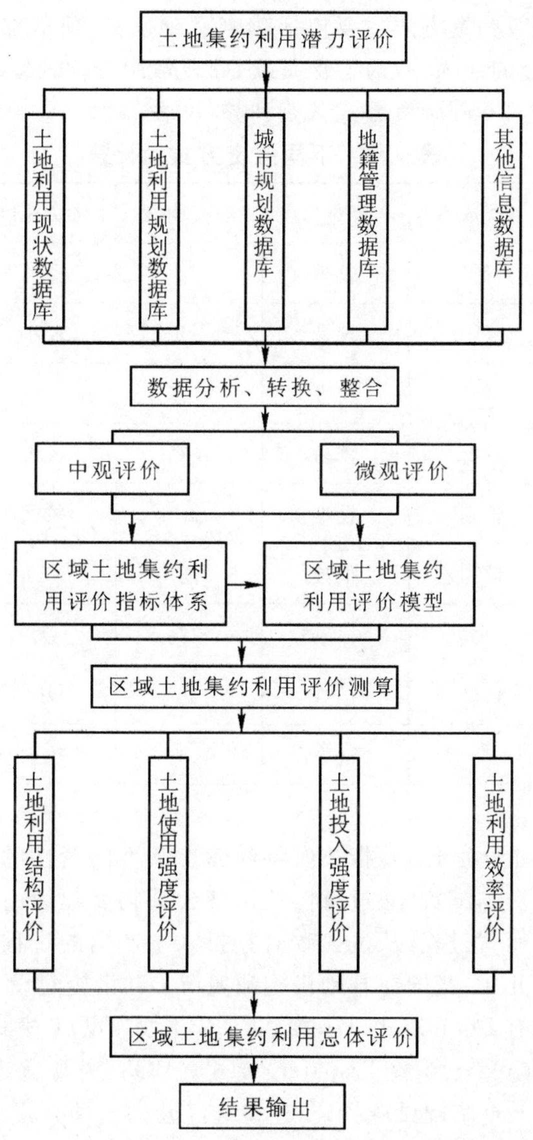

图 7.1　土地集约利用潜力评价信息系统技术流程图

7.6　探索新的融资方式，推动新区经济发展

在综合改造中，融资策略包括一般融资和公共物品的资本化融资模式。目前

各类开发园区的一般融资方式主要包括政府财政投资、项目部分开发经营权利转让、开发商自由资金的注入、政府担保贷款、商业信用贷款、股权融资、国际金融、国际援助、国际信贷等，不同融资方式各有利弊，见表7.2。

表7.2　不同融资方式对比表

融资方式	融资成本	融资难易度	融资额度	融资风险	适用范围
政府财政投资	低	较难	低	小	基础设施
开发经营权转让	低	较易	不定	较小	基础设施
开发商自由资金	低	较难	较高	小	商业性开发项目
银行贷款	较低	较易	较高	较大	各类项目
发行债券	较高	较难	高	较大	各类项目
发行股票	较高	很难	高	大	各类项目
国际融资	高	很难	较高	大	公共建设
国际援助	较低	很难	低	小	环保项目
国际信贷	高	很难	较高	较大	涉外项目

公共物品的资本化运作，是指政府将经营性和准经营性的公共物品以资产价值形态实行合理的资本配置，通过有偿使用使公共物品建设由原来的政府投入转为城市设施的资本运营过程，从过去政府只投入不产出的过程转化为既有投资又有产出的过程。近几年，我国在基础设施和城市公共设施建设中，经常采用的国际流行融资模式主要有BOT模式、BT模式、PPP模式、TOT模式、ABS模式等[6]。

(1)BOT(Bulit-Operation-Transfer)模式。BOT通常直译为“建设—经营—转让”。BOT实质上是基础设施投资、建设和经营的一种方式，以政府和私人机构之间达成协议为前提，由政府向私人机构颁布特许，允许在一定时期内筹集资金建设某一基础设施并管理和经营该设施及相应的产品和服务。政府对该机构提供的公共产品或服务的数量和价格可以有所限制，但保证私人资本具有获利的机会。整个过程中的风险由政府和私人机构分担。当特许期限结束时，私人机构按约定将该设施移交政府指定部门经营和管理。目前，我国许多高速公路的建设，多采用该模式进行融资。

(2)BT(Built-Transfer)模式。BT 为英文“建设—移交”的缩写形式,是政府利用非政府资金进行基础设施非经营性设施建设项目的一种融资模式。BT 模式是 BOT 模式的一种变换形式,是指一个项目的运作通过项目公司总承包,融资、建设验收合格后移交政府,由政府向投资方支付项目总投资加上合理回报的过程。该模式实际上就是城市基础和公建设施的“垫资开发建设”。对政府来说具有风险小、收益高、能够发挥大型建筑企业在融资和施工管理方面的优势。上海市长途汽车总站和重庆市华村嘉陵江大桥等,均采用该模式。

(3)PPP(Public-Private-Partnerships)模式。即政府公共部门与私人企业通过签订合同明确权利义务,建立伙伴关系,合作完成基础设施或公共建筑建设的模式。通过这种合作形式,合作各方可以达到与预期单独行动相比更为有利的结果。合作各方参与某个项目时,政府并不是把项目责任全部转移给私人企业,而是由参与合作的各方共同承担责任和融资风险。

(4)TOT(Transfer-Operate-Transfer)模式。即将建设好的公共工程项目,如桥梁、公路、电厂等移交外商企业或私营企业进行一定期限的运营管理,该企业利用获取的经营权,在一定期限内获得收入。在合约期限满之后,再交回给产权部门或单位的一种融资方式。在移交给外商或私营企业中,政府或其所设经济实体将取得一定的资金来建设其他项目。这一方式在一些地方比较流行,如上海的南浦大桥和杨浦大桥。TOT 方式与 BOT 方式相比具有很多优点:TOT 融资方式只涉及经营权转让,不存在产权、股权之争,有利于提高基础设施的技术管理水平,加快城市现代化的步伐。

(5)ABS(Asset-Backed Securitization)模式。指以项目所属的资产为支撑的证券化融资。它是以项目所拥有的资产为基础,以项目资产可以带来的预期收益为保证,通过在资本市场发行债券来募集资金的一种项目融资方式,是目前在我国较为流行的一种融资方式。其特点在于通过特有的信用等级方式,使原本信用等级较低的项目可以进入国际高档债券市场,利用该市场信用等级高、债券安全性和流动性高、债券利率低的优势,大幅度降低项目融资成本。

对政府来说,不同公共物品融资方式比较见表 7.3。

上述一般融资渠道和国际流行的几种融资方式,应结合改造开发项目的具体情况选择应用,政府在融资时必须严格控制,尽量选择信誉度等级较高的融资机构,从融资机构的合法性、资金来源和财务状况、融资成本的高低和保障流动资金等四个方面对融资机构进行衡量。

表 7.3 几种公共物品融资方式比较(对政府而言)

项目 \ 融资模式	PPP	BOT	BT	TOT	ABS
短期获得资金难易程度	较易	难	难	易	难
项目的所有权	部分拥有	拥有	拥有	可能部分或全部失去	不完全拥有
项目经营权	部分拥有	失去(转交之前)	失去(转交之前)	可能部分或全部失去	拥有
融资成本	一般	最高	一般	一般	最低
融资需要的时间	较短	最长	较长	一般	较长
政府风险	一般	最大	一般	一般	最小
政策风险	一般	大	大	一般	小
宏观经济的影响	有利	利弊兼具	利弊兼具	有利	有利
适用范围	有长期、稳定的现金流的项目	有长期、稳定现金流的项目	有长期、稳定现金流的项目	有长期、稳定现金流的已建成项目	有长期稳定现金的项目、在国际市场上大规模筹集资金

大兴新区在改造建设过程中,需要大量的资金支持,如何有效地解决建设资金短缺的问题,大兴新区进行了多方面的积极探索,特别是在西安国际商贸基地的建设中尝试采用了 PPP 合作模式。PPP 合作模式最早由英国政府于 1982 年提出,在发达国家,PPP 的应用范围很广泛,既可以用于基础设施的投资建设(如水厂、电厂),也可以用于很多非盈利设施的建设(如监狱、学校等)。例如南非的奈尔斯布鲁特市的水资源与卫生系统、英国的 Hilly field 初级学校都是为了解决资金问题,由地方政府决定采取 PPP 模式进行公共设施建设。通过政府公开招聘方式选择投资人,该私人企业与政府签订特许权协议,在特许权期内,由私人企业负责提供项目设计、融资、建设和维护等工作。期限结束后,所有固定资产全部归当地政府所有。

在我国,PPP 模式的应用刚刚起步。例如上海沪芦高速公路项目,北京地铁 4 号线项目,广州西郎污水处理系统工程项目等,都是采用 PPP 模式进行建造的,投资主体是混合所有制,实现了国有资本和民营资本的有效结合。这种投资主体的多元化融资模式，充分发挥了各方的积极性、主动性和创造性，更好地发挥了国有资本的控制力、影响力和拉动力。项目融资的要点在于采取特许经营权方式。

在西安国际商贸基地建设中，新区一是采用PPP模式既解决了基地建设资金不足的问题，又不增加政府预算压力和债务负担。在PPP模式中，地方政府不以直接投资者和借款人的身份介入项目，而是通过特许权协议以项目自身的经营收益和适当的政府扶持来组织融资。二是能协调项目建设与经济发展的关系。在基地建设初期，采用PPP模式引入民营机构进行充分论证，可以使得项目建设在速度、效益、规模上同经济的发展相协调，理顺社会效益和经济效益的关系。三是易于控制融资风险，有利于吸引民营资本特别是外资参与。对于商贸基地这种投资巨大，回收期长、流动性差、投资风险大的项目，民营机构或者外资在投入建设时顾虑很大。出于对利润的追逐和对风险的规避，民营机构会不断进行技术和管理上的创新，从而使PPP模式实现了资金引进和技术、管理方式引进的结合。

7.7　发展低碳经济，建设低碳新区

纵观20世纪的发展历程，工业文明给人类生活带来了翻天覆地的变化，也对人类社会发展产生了深远影响。人类对能源的勘探、开采、加工和利用，致使地层中沉积碳库的碳快速流向大气碳库，引发温室效应、气候变化等全球问题。

在应对全球气候变化、减少温室气体排放的大背景下，“低碳”概念应运而生。2003年，英国政府发表题为“我们未来的能源：创建低碳经济”的《能源白皮书》，首次提出“低碳经济”概念，引发了国际社会普遍关注。近年来，“低碳技术”、“低碳社会”、“低碳城市”等一系列新概念、新政策也应运而生。能源、经济以至价值观发生了巨大变革，为人类迈向生态文明走出一条新路，即大力应用新世纪创新技术与创新机制，依靠低碳经济模式与低碳生活方式，推动经济社会实现可持续发展。

低碳经济被定义为“以低能耗、低污染、低排放为基础的经济模式”，其实质是能源高效利用与清洁能源开发，核心则在人类观念、能源技术、产业结构等的根本转变。面对低碳革命，英国等欧洲国家大力宣传、积极倡导发展低碳经济。截至目前，全球范围内没有出现可资借鉴的发展低碳经济的成熟模式，发展低碳经济仍然是摆在各国政府面前的一项崭新课题[6]。

7.7.1　低碳城市的类型

低碳城市(Low-carbon City)，指以低碳经济为发展模式和方向、市民以低碳生活为理念和行为特征、政府公务管理层以低碳社会为建设标本和蓝图的城市。

近年来，国内学者对低碳经济与低碳城市的理论及实证研究日益增多，显示出政府、产业界、学界对“低碳”话题的共同兴趣。目前，低碳城市已经成为世界各地普遍的追求，很多国际大都市把建设低碳城市作为今后的发展方向。低碳城市主要有以下四种类型[7]。

第一种是技术创新型。进入 21 世纪后，技术创新解决了城市发展带来的诸多问题，产生了由英国人设计、阿拉伯国家准备花费 220 亿美元建造零排放生态城区的计划。这个生态城区使用了人们能想象到的科技，220 亿美金的造价、5 万人的居住人口，昂贵程度惊人。该计划于 2008 年动工，因金融危机现已停止。这样的项目具有不可复制性、不可推广性，而且代价过高。

第二种是适用宜居型。发展低碳城市不能寄托于未来的技术发展，而要注重现实的可行性。在这种理念指导下，中国与新加坡、英国、意大利、瑞士、德国等发达国家开展合作建设生态城市的项目。这类生态城市一般设定居住人口为 30 万左右，以实用低碳技术为技术主体，以绿色建筑为建筑主体。以服务业或新兴产业为产业主体，以步行、自行车、公交等绿色交通为交通主体，以“公共交通为导向的开发”作为主导的土地利用模式，以可复制、可持续、可改进为目标主体。

第三种是逐步演进型。城市是社会、经济、文化、自然、生态等各种要素在有限地理空间上相互交织形成的网络系统，是具有自组织、自演化功能的复杂有机体。生态城战略能促使这些“古老的城市”向可持续发展的方向演进。一个城市，只要确立了生态城的发展目标并加以适当引导、整合市民和社会各界的力量促进其健康发展，就可以使一个旧城逐渐演变成一个生态城。

第四种是灾后重建改造型。生态化重建规划，使受灾城市改变原先演进轨道，跳跃性地获得抗灾害能力、系统的自主适应性和发展的可持续性。正在重建中的四川汶川、青川等城镇，将被改造成灾后重建型的生态城市。

低碳城市是人类走向生态文明的必然之路，也是大兴新区实现可持续发展的战略选择。大兴新区作为城市综合改造区，应用低碳技术、发展低碳产业，在规划、建设中全面践行低碳发展理念，打造成为一个环境宜人、功能齐全的低碳新城。

7.7.2 大兴新区建设低碳城区的指导思想

大兴新区建设低碳城区的指导思想是：贯彻“国际化、现代化、生态化”发展理念，采取“功能布局合理化、生活空间生态化、产业发展低碳化、市民行为生态化”的建设手段，建设具有资源节约、环境友好和人文关怀等特色的生态文明新区。通过科学规划与布局新区建筑、公园和林草绿地，倡导生态建筑和低碳建筑，加快发展循环经济，推广节能新技术、新工艺、新产品和新设备，积极开展低碳经济试点，全力打造绿色生产体系，积极创建绿色消费体系，加快完善绿色环境体系，努力把大兴新区建设成为和谐、宜商和宜居的低碳生态城区。

7.7.3 推动产业优化升级，打造低碳生产体系

围绕发展低碳经济发展模式，从经济结构调整入手，坚持高端、高效、高辐射产业发展方针，通过产业发展高端化，促使产业空间更加集约化、集聚化。巩固提升以商贸服务业为主导的产业格局，推动生态住宅产业健康发展，培育发展新能源和节能环保等低碳产业，培育以低碳产业为主的新经济。全社会清洁生产的深度、广度持续拓展，广泛采用新技术、新产品、新工艺，推动企业向生产清洁化方向发展，逐步打造完善低碳生产体系[8]。

1. 振兴发展高端产业

(1)提升服务业发展品质。巩固发展机电产品贸易等传统优势产业，加快发展信息服务、科技服务、商务服务、流通服务等生产性服务业；大力发展以家政服务为重点的物业服务业，以餐饮、便利店、休闲娱乐为重点的商贸服务业，以特种医疗和健康保健为重点的医疗保健服务业，以提高人的身体素质为重点的体育健身服务业；积极探索低碳产业交易平台，重点培育节能环保技术服务、生态工程咨询、碳交易等低碳服务业；积极发展总部经济，鼓励跨国公司、国内外金融机构、大企业、大集团设立总部、研发中心、营运中心、采购中心[8]。

(2)培育新兴节能环保产业。利用中央、省、市出台的政策机遇，扶持企业技术更新、工业化和信息化融合、工艺换代、管理转型，促进产业升级换代，集中精力发展研发设计、品牌营销等产业高端环节。顺应全球产业转型升级趋势，加大新能源和节能环保等新兴绿色产业培育力度。通过低碳新兴技术的研究开发，促进新兴产业群的发展。促进新能源开发利用、各类实用节能环保及相关技术设备开发及工程服务能力，培育扶持一批产品和技术综合解决方案提供商，抢占绿色经济发展制高点。

(3)发展生态住宅产业。以建设节能、高效、生态友好型社会为目标，以市场调节和政府控制结合为导向，综合利用土地，优化城市空间结构，健全基础设施建设，完善区域功能，建设发展生态住宅区。加快土地资源集约利用步伐，合理控制建设用地规模、建筑密度及城市建设各项指标，提高土地资源的开发利用效率，引导社区建设从外延式向内涵式发展模式转变、保持高密度紧凑化发展与混合功能社区的建设，减少城市交通能耗。推广绿色建筑评价标准，鼓励建筑企业采用新型结构体系、新型墙体材料和可再生能源建设生态节能住宅。积极引进国内外著名开发

企业，利用知名房地产企业的品牌效应，带动区内高端生态住宅产业发展。

2. 开发绿色产品，开展清洁生产

鼓励生产类企业建立健全从项目建设到产品开发设计、生产经营、销售服务的全过程低碳管理体系，开发绿色产品，实施低碳采购。倡导机电贸易类企业实施绿色供应链管理，与供应商建立长期战略合作伙伴关系，实行低碳采购及销售；鼓励企业生产能效高、易回收再利用的产品，实行简单包装，并采用符合"可循环"或"可降解"要求的包装材料。适时推进服务业清洁生产审核，试点选取住宿、餐饮、医院及学校等领域开展清洁生产审核，研究制定符合服务业特点的清洁生产审核标准、程序和要求；积极探索建筑等行业清洁生产推进方案[8]。

7.7.4 弘扬低碳发展理念，创建绿色生活体系

以培育低碳政务环境为基础，以提升全民节能环保意识为切入点，努力培育绿色生活方式和消费方式，逐步创建先进文化引领的低碳消费体系。

1. 打造低碳政务

以电子政务、数字城市等先进管理理念为指导，积极探索大兴新区城市管理的新模式。利用现代通信技术和多媒体信息网络，大力推动无纸化办公，全面推广电子政务，提高行政效能，降低行政成本。通过建立政策咨询、政务服务、企业运行监测、环境服务四大平台，形成平台服务体系，推动区域经济社会快速发展。在新区政府部门与公务人员中提倡"低碳从我做起"等理念，注重节能、节电，通过减少公务用车降低碳排放，塑造新区管委会"低碳政府"新形象。

2. 倡导低碳生活方式

依托电视、广播、网络等多种媒介，以公益广告、低碳生活日、低碳产品免费发放等多种形式，对市民进行广泛宣传，在生活模式和消费观念上普及碳排放知识，倡导低碳绿色环保理念。提倡节俭理性的绿色生活方式，引导公众参与碳补偿活动，使节能、节水、资源回收利用逐步成为市民的自觉行动，不断提升城市文明程度。合理引导市民更多选择公共交通、自行车和步行等绿色出行方式；倡导市民按照国家标准合理控制室内空调温度；鼓励市民养成随手关灯、垃圾分类、节约用水等良好的生活习惯。

3. 建设节能示范建筑

以公共建筑和新建小区为重点，打造一批低碳建筑典范，建成节能、节地、节水的低碳建筑示范项目。公园、广场等由政府财政支出建设的公共建筑，在条件许可的情况下，均应按照低碳节能建筑评价标准设计和施工。推广住宅小区太阳能路

灯和节能 LED 景观照明，建设节能示范小区。规划建设在大兴新区内的文体中心将采用地源热泵系统，这是一种利用地下浅层地热资源既能供热又能制冷的高效节能环保型空调系统。地源热泵通过输入少量的电能，即可实现能量从低温热源向高温热源的转移。文体中心建成后将成为大兴新区范围内的地标性建筑和节能示范建筑。

4. 完善道路交通网络

大兴新区路网规划建设的各类道路共 26 条，其中大兴东路、梨园路、劳动北路北延伸段、桃园北路北延伸段和重信路已建成，“十二五”期间将完成包括丰禾路、桃园北路、劳动北路、西斜三路等 20 余条道路的建设，总占地面积约 92.5 万平米。对该区域路网的改造建设，包括实施全方位配套建设和架空线缆落地，雨水、污水、给水、通信、电力管沟、天然气等 14 条地下管线铺设到位及地上景观绿化、道路照明、交通控制等配套系统建设共三个方面，总投资约 12 亿元。配套设施完善的新区路网，将大大降低出行成本、减少交通碳排放。

5. 扩大绿地面积

秉承“广造绿、巧利水、尊传统、赋新意”的规划理念，在新区规划范围内大幅度增加林草绿化覆盖率，扩大公共绿地面积，积极推进社区园林化建设和生态化居民休闲、文化广场建设，尽可能减少水泥硬化地面，创造舒适的生态化人居环境。完善城市带状林草绿地系统，建设均衡分布的乔、灌、草多层立体绿化带。限建高耗电能的人工瀑布、喷泉，营造有利于户外健身、增氧、减少热岛效应的树林绿荫地。扩大公共绿地面积，实现人均绿地面积 7 平方米，吸收碳排放。

发展低碳经济，是中国作为“世界公民”的应该承担的义务，也是中国转变经济发展方式、实现可持续发展的难得机遇。通过打造低碳新区，大兴新区将成为西安国际化、现代化、生态化商住商贸宜居新区，成为发展全市低碳城市的示范区。

参考文献

[1] 甄江红，成舜，郭永昌. 包头市工业用地土地集约利用潜力评价初步研究[J]. 经济地理，2001，24(2)：250 - 253.

[2] 胡琳. 开发区土地集约利用及其潜力评价研究——以长春经济技术开发区为例[D]. 吉林大学. 2006：52.

[3] 赵自胜，孙军，尚艳红，等. 城镇土地定级估价信息系统的设计与应用. 河南大学学报(自然科学版)，1998，28(4)：47 - 53.

[4] 武锋刚，武锋强，温小文. 城市土地集约利用潜力评价信息系统的构建[J]. 科

技创新导报,2008(05).181.

[5] 项目融资模式. http://baike. baike. baidu. com/view/1623843. htm.

[6] 低碳经济,http://baike. baidu. com/view/1494637. htm? fr=ala0_1_1

[7] 仇保兴.从绿色建筑到低碳生态城[J].城市发展研究,2009(7):1—11.

[8] 绿色北京行动计划(2010 — 2012),http://wenku. baidu. com/view/e943b54ae45c3b3567ec8b29. html/.

后 记

土地集约利用是一项复杂的系统工程。在中国城市化进程中，特别是旧城改造中，如何科学地用好寸土寸金的大都市主城区土地，如何把推动区域经济发展与土地开发利用有机结合，如何把人文化、生态化、现代化理念与土地集约利用有机结合，如何把传承古都文明、弘扬优秀文化精神与发展现代化、国际化大都市有机结合，如何把土地管理的法规政策与城市规划的法规政策相结合，如何把土地科学的理论、最新研究成果与城市存量土地的科学利用有机结合，是我多年来苦苦思索和研究的问题。

适逢大兴新区旧城综合改造，从我 2009 年 3 月开始兼任大兴新区管委会主任，负责大兴新区综合改造的整体工作以来，在市委、市政府和区委、区政府的领导下，我与大兴新区一班人共同组织和参与了拆迁、开发、建设等综合改造实践工作，并带领周璐红、姚文波、张步、邵志健、王佳、翟国涛、蒋东、薛旭平、杨冬梅、李微山等几名老师和同学，对大兴新区综合改造问题进行了研究。随着综合改造工作的不断推进和课题研究的不断深入，我注重把系统理论、城市有机更新理论、地租理论等学习理解内化到研究中，对多年研究的一些成果和工作实践中的理性思考进行了系统整理，形成了此书稿。

初稿完成后，我诚惶诚恐地将书稿呈送给仰慕已久的学界老前辈，有着丰富土地管理理论和实践经验的全国政协副主席陈宗兴先生审阅，陈主席以拔冗作序来鼓励和鞭策后生，使我在抓好政务管理工作的同时，继续坚持从事科学研究的信心倍增。国土资源部胡存智总规划师，早在 2001 年我还在西安市国土资源局工作时，因工作关系就认识了。胡存智总规划师在国土管理、国土规划等方面的许多真知灼见对我的研究工作和管理实践影响很大，这次呈请他对书稿进行审改并写了序言。我的导师、全国人大法工委法案室主任薛惠锋教授和西北工业大学王润孝副校长审改了书稿并给予了精心指导。陕西师范大学刘胤汉教授和全国土地估价师资格考试委员会委员、中国土地估价师协会常务理事、资深会员雒爱萍高级工程师也提出了很好的意见和建议，在此一并表示深深谢意。区政府班子和大兴新区管委会的同志在课题研究中给予了组织上的帮助和支持。莲湖区委书记张民生同志对我的科研工作总是给予积极支持和鼓励，使我到莲湖区工作后完成了本书稿和其他几个课题研究，在此表示敬意和感谢！

洪增林

2010 年 10 月